U0009289

不怕失業，財務自由十年計畫

打造加速脫貧的無限投資系統，
才能應付難以預測的未來

史考特‧甘姆 SCOTT GAMM —— 著　丁丁 —— 譯

OVERCOME AI　How to Build a Secure Financial Future in
the Age of Artificial Intelligence

目 錄

目　錄

好評推薦

「專注本業，務實投資，長期持有績優公司或 ETF，獲得完整且合理的市場報酬。」

——大俠武林，金融股投資達人

「許多人將財務自由想得高不可攀、遙遠，事實上，參考本書所指引的方法，人人都有機會提前達到財務自由！」

——愛瑞克，《內在原力》作者、TMBA 共同創辦人

「對於 AI（人工智慧）會如何改變人類的就業情勢，人們感到忐忑不安。作者史考特‧甘姆透過本書詳細剖析如何因應難以捉摸的未來，是一本非常精采的好書！」

——芭芭拉‧柯克蘭（Barbara Corcoran），

紐約房產天后

「如果你對財務自由之路很感興趣，照著史考特‧甘姆提供的地圖走，就可飽覽沿途風光，順利抵達目的地。」

——《富比士》（Forbes）

「針對正在改變人類工作與生活的 AI，本書教導我們因應方法，有效緩解我們對 AI 無所不在的恐懼。」

—— 阿代西‧藍帕特（Adesh Rampat），

《圖書館期刊》（*Library Journal*）書評家

第 1 章

攸關每個人前途的
兩大趨勢

財務自由與 AI，是目前備受矚目的兩大社會趨勢，但從來沒有人一起討論與分析。我認為弄清楚這兩大趨勢的意義和關聯，將攸關你的財務是前途無量，還是無「亮」！

首先，我想問你，早上醒來，你曾是否想過蹺班？即便你很喜歡這份工作（但我認為多數人並非如此），依舊免不了想繼續賴床，不去上班。但事實上，不是只有你想偷懶，只是最終迫於生計，還是乖乖去工作，因為沒了這份薪水，你會付不出房租，還不了學貸，更別奢望能出國旅遊。

反過來說，如果你不必工作，也能有錢支付每個月的開銷，你會想過這種生活嗎？要是你財務自由了，下半輩子打算怎麼過？如果你對這個話題感興趣，就請繼續看下去。不過別高興得太早，有幾件事我得言明在先：

1. 我沒鼓勵大家立刻辭掉工作，遊山玩水。
2. 我沒有搖身一變成為百萬富翁的神技，也不會提供一夜致富的祕訣，請別抱有錯誤期待。

在書中，我只會分享一些資訊，希望能改變你對自身財務的想法。這是因為我們過去學到的財務原則，在未來的數十年裡，恐怕派不上用場，稍後我會說明原由。

如果你從來沒有認真檢視自己的財務狀況，請繼續讀下去,透過本書,你將能不帶成見地吸收這些財經資訊,學會金錢的運作方式,替自己打造美好的財務前景。

請勿將本書視為理財教科書,因為沒人喜歡聽課。請相信我,即便我已經鑽研這些議題多年,仍然沒有立場指點你該如何運用自己的錢,書中提出的僅是資訊而非建議,你仍可自行決定如何處理財務。

我們先探討本書的兩大關鍵詞:**財務自由與 AI**。

一旦充分了解這兩個名詞的含意後,將改變你對金錢的想法。這些年,財務自由的議題日益受到大眾矚目,尤其受到千禧世代*歡迎。**獲得財務自由的方法如下:不亂花錢,儘量存下收入,然後明智地進行投資**。若干年後,你就會有足夠多的錢,讓你安心辭去乏味的正職工作,提早退休;或是轉做收入不豐,但你真心喜愛的工作。

多少錢才算「夠多」?其實很主觀,要看個人的生活型態和基本開銷而定,也跟你未來打算居住的地方有關。由於各地的生活成本大不相同,不單美國如此,全世界也一樣。

因此,希望擁有「夠多的錢」,關鍵是要打造一座生財金山,有人也稱為「**被動收入**」,意即不太費力就能獲得的

---

* 千禧世代(Millennials)泛指 1980 年代至 1990 年代中期出生、經歷了千禧年的人們,也稱「Y 世代」。

長期現金流，不必朝九晚五的上班，就能取得的收入。例如現金、股票，或是能收租金的房產皆可，因為它們能產生充分的收入，支付你每個月的開銷。

不過打造一座生財金山不容易，可能要數年，甚至是數十年的時間。雖然財務自由能讓你不再依靠工作、事業、薪水來安穩過活，卻不代表從此退休。

我們追求財務自由的真諦是，**打造安穩的未來，即便失業也不會馬上陷入困境，不會因為失去工作就活不下去**。本章稍後會深入探討各種形式的財務自由，但以我的定義來說，是指不必依賴固定薪水，就有足夠金流支付生活開銷。

現今許多年輕人不想跟父母或祖字輩一樣，工作到 65 歲才退休，他們厭倦整天埋首在辦公桌前，困在那緊臨著高速公路的工業園區裡，關在一棟又一棟毫無特色的空調辦公大樓中，他們想立刻獲得自由。

但有錢才能享受自由，試想身上背著學貸和卡債，連房租都快付不出來了，還夢想在 30 歲退休嗎？很可能做到 65 歲，還無法功成身退！不過要比 65 歲提前幾十年退休，甚至是在 28 歲或 38 歲就超前退役，並非痴人說夢，儘管很難一夕實現，也不一定要中樂透，或是創辦市值破兆的科技公司才能圓夢，只需要做出一些犧牲，擬定高明的投資策略就能辦到，具體方法稍後會詳述。

AI 崛起，必須加快財務自由的腳步

快速崛起的 AI，令我們追求財務自由的行動刻不容緩。很多人都希望自己的銀行戶頭裡有一大筆錢，卻遲遲不願省錢、存錢，這是因為大家總抱持著來日方長，何必現在勒緊褲帶、省吃儉用呢？401(k)[*]退休帳戶也不必急著存好存滿，先出國度個假吧！

我知道很多年輕人不喜歡現在的工作，最怕聽到週一早晨的起床鬧鐘聲，要是銀行戶頭裡有數百萬美元，甚至只有 100 萬美元也行，很多人就會辭職，轉而追求自己的夢想，即使薪水少些也無妨。

但沒人能料到半路殺出一個程咬金，機器人很可能再過五年、十年或十五年，取代你的工作。機器人的學術名詞就是 AI，也就是人工智慧。現在，我就要來揭曉財務自由與 AI 的關聯。以下是機器人比人力更受歡迎的原因：

- 工資較低廉

---

* 401(k) 是美國鼓勵人民為退休做準備，於 1981 年創立的一種延後課稅退休金帳戶，由雇主申請設立後，員工在不超過上限額度範圍內，每月可提撥某一數額的薪水（薪資的 1%～15%）至退休金帳戶。由於美國政府將相關規定明訂在《國稅條例》第 401(k) 條中，故稱為「401(k) 計畫」。

- 工作效率更好
- 不會生病
- 不需要特休，也不會請假
- 不會抱怨
- 不會在上班時打混摸魚，偷看社群媒體或交友軟體

試想，機器人這麼好用，哪個雇主不想取代真人工作？我可不是危言聳聽，英國維珍集團（Virgin Group）董事長理查·布蘭森（Richard Branson）是最有遠見的企業家，早在 2018 年 12 月就在他的部落格中，指出科技對就業市場造成的可能衝擊：[1]

創新科技帶動產業前進，降低我們對人力的依賴，例如無人駕駛車、先進無人機的概念等，陸續從概念變成實體，未來將有愈來愈多的工作會使用到機器。

AI 與各種先進科技是否真的會影響到你我未來的工作，現在還很難斷言。上網搜尋這類主題，眾說紛紜，有些人主張 AI 會引發大規模失業潮，也有人認為這會創造新的工作機會。

世界經濟論壇（World Economic Forum, WEF）定期發

布的《未來工作報告》（*The Future of Jobs Report*），在
2018 年指出：

　　目前的產業環境中，有 29％的工作由機器執行，預
估到 2025 年比重會提高至 50％以上。[2]

　　此轉變將對全球的勞動力產生重大影響，不過我們對
新增工作總數的展望抱持正面看法，預估到 2022 年可望
新增 1.33 億個職缺，但也有 7,500 萬份工作會被取代。[3]

　　若以全球的宏觀角度來看，世界經濟論壇預期 AI 會創
造新的工作，雖然是個好消息，但對個人來說是好事嗎？如
果你很不幸就是被取代的 7,500 萬份工作之一，你能順利轉
職到 1.33 億新增的工作嗎？這種事誰也說不準。

　　雖然我們不能單憑一份預測報告或某位專家意見，規畫
自己的人生。但是我們可以理性思考科技與 AI 崛起所導致
的可能結果：

　　AI 會接手某些工作嗎？會。
　　AI 會造成低度就業[*]嗎？會。

---

* 低度就業（underemployment）指人們迫於生計，屈就低於自己教育程度或工
　作經驗的低薪工作。

AI 會迫使人們必須學習新技能或技術嗎？會。

IBM 商業價值研究院（Institute for Business Value）曾於 2019 年 9 月的新聞稿指出，根據他們的研究顯示，職場上會不斷快速出現新的工作技能，但也會淘汰一些過時的技術。為了因應 AI 挑戰，約有 1.2 億人必須學習新技能。[4]

全球大企業超前部署培訓未來人才

如果你還是不相信職場的本質已發生改變，請閱讀以下資訊：

全球知名企業相繼投入巨資，培訓員工學習新技能，例如亞馬遜（Amazon）在 2019 年 7 月宣布，[5] 為了因應未來新增的工作需求，將投資 7 億美元培訓 10 萬名美國員工，幫助他們進修機器學習、機器人技術與雲端運算等新技能。

提供全球企業管理顧問與會計服務的普華永道會計師事務所（PricewaterhouseCoopers, PwC），計畫在數年內投入 30 億美元，提升員工的工作技能。[6]

摩根大通銀行（JPMorgan Chase）在 2019 年 3 月發布的新聞指出，將斥資 3.5 億美元，推出一項為期五年的人才培育計畫，滿足不斷成長的高級人力需求，為未來的工作做好準備[7]……諸如此類斥資培訓人才的事例，不勝枚舉。

這顯示美國大企業已意識到勞動力正在改變的事實，才會投入資金來做準備。要是你在這些企業工作，真的非常幸運，能幫你順利銜接由高科技與 AI 趨動的新世界。但如果你的公司沒有這些資源幫助你升級技術，那就得抓緊時間為自己做好規畫，這也是我寫本書的目的。

為了替未來就業情勢做好準備，無論你最終選擇重返校園或自費進修，兩者費用都不低，所以必須趁現在還有工作時，改變你的財務計畫，存足五年、十年、二十年後學習新技能所需的教育經費。

AI 影響大眾就業力的問題，還成為 2020 年美國總統的競選話題。大選期間，多位參選者把勞動力本質正在改變的情況，做為他們的競選主軸，台裔美籍企業家、華裔參選人楊安澤（Andrew Yang）的政見就頗受矚目。他曾在網站上撰文指出，[8] 若當選美國總統，他將成立科技部，任命科技部長為內閣政務官。楊安澤也解釋：[9]

政府必須與科技人才攜手合作，以確保各界在廣泛採用 AI 與其他科技創新之前，我們已充分了解這可能會造成的影響。

包括楊安澤在內的多位參選人都意識到，必須重視未來數十年的 AI 發展，還有對社會造成的可能影響。AI 議題被提升到總統大選的高度，證明國家領導人已開始正視科技對民眾就業的潛在威脅。畢竟，只有政府才有權力規範與適時封殺任何危及民眾就業的科技。

高學歷、高薪族也可能被 AI 取代

努力進修取得 MBA 學位的你，可能認為自己的工作不會受到 AI 影響，但其實像薪水優渥的金融從業人員也會有就業危機，德意志銀行（Deutsche Bank）執行長約翰・克里安（John Cryan），在 2017 年《金融時報》（*Financial Times*）曾表示，集團旗下 9.7 萬名員工將會有「一大票人」因為科技崛起而失業，他說：「老實講，我們並不需要這麼多人。」[10]

我要強調的重點是，AI 未必只會讓領取最低工資的收銀

員失業（大型量販店擺放自助結帳機來取代人工結帳）。即便是在名校有學位加持的高薪族，恐怕也在劫難逃。

　　這並非危言聳聽，只是如實報導企業執行長與產業領袖的看法。由於這些領導人掌握著員工雇用的生殺大權，因此當他們對 AI 的崛起發出警訊時，大家有可能充耳不聞嗎？這時，認真思考自己必須採取哪些行動，因應不斷蛻變的職場動態才是上策。

　　本書目的就是幫你了解社會趨勢，激勵並改變你的想法，進而改善財務規畫。至於要使出多大拚勁，對抗來勢洶洶的 AI，或是採取哪些行動來強化自己的財務體質，最終決定權在你。

攸關每個人前途的兩大趨勢

- 財務自由指的是擁有一座生財金山，能產生足夠收入，支付你每個月的開銷。這是本書的核心概念，將在接下來的每一章中深入探討。

- 即便你已獲得財務自由，也不代表可以不工作，直接進入退休模式，而是說你不必再為五斗米折腰，能做自己喜歡的事，即便錢少一點也無妨。

- AI 的崛起有可能危及人類工作，我們必須把握時間，儘快達到財務自由。

- 如果你還不相信 AI 將奪走人類的工作，請多參考商界領袖與政治人物的說法，從中找出證據。

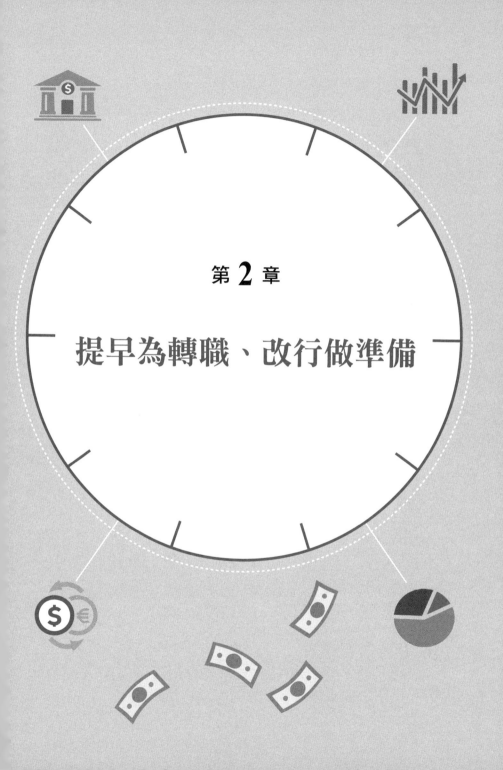

第 **2** 章

提早為轉職、改行做準備

我們正處於前所未有的經濟體系，不用再憑一份正職工作才能過像樣的生活。這就是所謂的「零工經濟」*，到處兼差所賺得的每月收入，很可能跟在辦公室裡，一週工作 40 小時差不多。拜網路與科技之賜，想要何時工作、做幾個小時，任憑自己決定，有些人就是這樣養家糊口的。

然而，零工經濟的唯一問題就是，工作量與工作頻率不穩定，有時多到應接不暇，有時少到發愁。雖然月底結算收支勉強打平，但零工經濟體系裡的差事，不像正職工作一樣能給你一份穩定收入。正職工作唯一能確定的就是領到基本底薪，加薪、獎金或佣金都是可遇不可求。不確定性則是，老闆隨時可以裁員，使得唯一的確定收入隨時可能消失。

還有一種混合收入模式，也就是你擁有一份收入穩定的正職工作，並透過零工經濟兼差來賺取收入。一旦有了這些額外進帳，你就能達到我極力倡導的超高儲蓄率：**存下六成的收入**。

提到零工經濟，你可能會立刻聯想到當優步（Uber）跟來福（Lyft）司機賺外快。只要有車就能下載他們的 APP，接單載客，而且要做全職還是週末兼差都行，彈性很高。

---

* 零工經濟（Gig Economy）的原始定義為，自由、兼職勞動者在短期內完成少量工作且得到一次性報酬。如今數位平台興起，便利服務吸引民眾支持，因而創造大量勞力需求，如 Uber、foodpanda 等新商業模式也隨之成形。

除了開車，還有其他類型的零工公司與接案平台，你可以自由接洽各種案件，像是寫作、寫文案、寫程式、平面設計……，工作內容五花八門！

零工經濟的盛行，還引起世界金融重鎮的紐約華爾街（Wall Street）高度關注，優步與來福同在 2019 年掛牌上市，每個人都可以投資買股票。實際上，企業能發展到公開上市，是一個重要的里程碑。2020 年 1 月，優步市值已達到 580 億美元，[1] 來福則是 140 億美元。[2] 光憑這兩家零工經濟的龍頭公司，就囊括股市多達七百多億美元的資金。優步與來福進軍資本市場，形同為這類企業的續航力掛保證，顯示投資圈對它們青睞有加。

我不禁要問，由科技打造的零工經濟，能否敵過 AI？若不是消費者普遍使用智慧型手機與相關科技，可能不會出現優步與來福這類產業。那麼，這些已使用先進科技服務的業者，還會被 AI 擊潰嗎？那些靠接單賺取外快的人，又會受到什麼影響呢？

由於優步正在積極發展無人駕駛技術，並在官網上宣布：「我們想將無人駕駛車引進全球的優步網絡。」

這麼一來，開優步賺外快的人會受到什麼影響？他們會被無人駕駛車取代嗎？當 AI 入侵零工產業時，千禧世代還能依靠零工收入來維持生計嗎？

　　前述問題很難回答，因為很多情況尚未明朗，所以目前的判斷幾乎都是推測。為了獲得更多資訊，我特地請教零工經濟專家、任教於紐約大學史騰商學院的阿倫・桑德拉藍加（Arun Sundararajan）教授的著作《共享經濟》（*The Sharing Economy*）探討了零工經濟的主題。

　　關於 AI 會對零工經濟產生何種影響，桑德拉藍加大方分享了他的看法，建議商學院的學生要為科技與社會的各種變化先做好準備。相信大家會對這些內容很感興趣，以下就是該次訪談的重點摘錄：[4]

問：AI 會對零工經濟或打零工的人造成影響嗎？

答：再過一段時間，大約是十年至二十年後，優步司機與外送員將被取代，這類型的服務會更依賴機器人與 AI 趨動的勞動力。可能造成以下影響：

　　首先，這些服務平台引進 AI 後，業務會快速成長，帶來更多工作。以外送餐點為例，機器人不會包辦一切，而是部分工作，是漸進式的改變，例如送餐由無人駕駛車或送貨機器人分擔。

　　一旦自動化降低服務成本後，將吸引更多消費者使用外送服務，企業需要僱用更多人力來完成。由此可見，當某個產業的成本下降，且未被

AI 或機器人完全取代時，人力需求便會隨著市場的擴大而上升。

另外，因為自動駕駛而認為優步司機會在五年內失業，這是一廂情願的想法，我個人認為至少要十年。即便未來數年內，無人駕駛車的技術能減少肇事率而獲得大眾認可，但我們仍需考量其他因素，例如政治因素，再決定是否放行自動駕駛。

舉例來說，有人利用自動駕駛的卡車駛入某大樓進行攻擊，這可能會使汽車產業十年都不得使用自動駕駛技術；失業的卡車司機也會引起勞抗，阻止無人駕駛車上路。

你必須綜合考量所有因素，才能預估 AI 何時會開始取代人力。通常工廠因為以效率掛帥，且與消費者接受度的關係薄弱，所以機器人取代人力的進展會比較快。反之，在面對消費者的環境中，就要側重社會接受度，因此在「技術做得到」，與「技術將被廣泛採用」之間，存在著相當大的差距。

雖然無人駕駛車是最終趨勢，但至少還得等上二十年。我認為餐點外送平台採用 AI 的速度

會快些，但變化仍會是漸進式的，所以短期內還是有強烈的人力需求。

問：曾有專家表示，AI 會侵害某些產業的就業狀況，也會為其他產業創造新的就業機會，那社會最終會迎來什麼結果？有可能輸贏參半嗎？

答：科技的進步，一向是幾家歡樂幾家愁，這種情況我們已經見證好幾個世紀。從初期勞力機械化到現在，總是有某些工作被取代且價值降低，但最終仍會將這些人力重新配置到機器還無法取代的地方。

　　確實有人輸，有人贏。我認為人們擔心的是，AI 在認知上的進步，因為這是專屬人類的領域，若是連思考都由電腦代勞了，那人類還能做什麼？這始終是我們揮之不去的夢魘，打從第一次工業革命開始採用機器後，人類就一直在煩惱這個問題。十八世紀末、十九世紀初的英國勞工就曾思考：人類還剩下哪些事情可做？隨著時間的推移，工作的定義也改變了。

　　我檢視自己的工作：教書、寫作、演講、研究，與人對話交流。在兩百年前，這些事根本不算工作而是娛樂，需要付出體力勞動的才是工作。但是自從機器取代人類的某些工作後，工作的定義便出現巨大變化，我相信這次也是差不多。

問：針對這次變局，你會建議學生如何預做準備？

答：我一直告訴他們，這輩子至少會轉職一次。在兩個世代以前，人們通常是一份工作到退休，但現在換工作卻成了常態。雖然目前轉行還不普遍，但我認為到了下個世代，有可能變得稀鬆平常。

不論你是從事哪一行業或專業，都要培養創業的實力。你未必要開創日進斗金的大事業，但一定要有創業者的思維。你必須建立人脈，懂得隨機應變，學習設計思維[*]。你不能只做好分內的事，安穩地被安插在組織裡，然後按照公司的晉升制度一階一階往上爬，你要以更大的格局思考如何解決雜亂無章的龐大議題。

比方說，往後的十年或二十年，人們不會再依循傳統的就業軌道：立志進入高盛（Goldman Sachs）當個理財顧問，或是到寶僑（Procter & Gamble, P&G）當個分析師，然後逐步爬上管理

---

[*] 設計思維（Design Thinking）是一個以人為本的創新方法，透過從人的需求出發，為各種議題尋求創新解決方案，創造更多的可能性。

職或是企業領導人的位置。未來很多人都會在某個階段認真思考與評估：「接下來我該做什麼？」我說的不只是轉職或轉行，而是如何激底改造自己。

你要有宏觀的思考力，重新想像自己能成為什麼樣的人。在現今的商學院中，當屬創業相關課程，最能培養上述能力。因為你無法在財務、行銷或經營課程中，學習到創業家的精神，所以我非常推薦同學們修讀創業課程。

問：創業是不是不像在企業裡工作，只要坐等年資到了就能逐步升職？

答：沒錯，你必須出去拓展人脈，找到自己的信念，然後做出一番成績證明你的眼光是對的。

一職到底的時代過去了

這次的訪談令我獲益不少，希望你也能有所啟發，尤其桑德拉藍加明確區分科技技術與實際應用的獨特看法：「技術做得到」，並不代表「全面開放」，由於兩者之間存在著灰色地帶，必須經過政治與社會的考驗和過濾，才能被廣泛採用。

我認為這項觀點相當重要,有了政治與社會把關,能稍微消除大家的疑慮,不再過度擔心工作會被科技搶走。但我們也不能掉以輕心,還是要密切留意科技的發展,因為它攸關未來的工作情勢。

我也十分認同桑德拉藍加的工作演化論點,像他這麼有成就的學者,竟表明自己的核心事業,在兩百年前不算是工作。從這段談話即可得知,未來一、二十年有可能出現我們從來沒聽過的新工作,你也會從事一項前所未見的新職業,或是創立一家令人耳目一新的公司。

接下來,我與桑德拉藍加聊起我最愛的話題:他給商學院學生的建議。

我提問的原因是,如果你是學生或年輕人,十年、二十年、三十年後本該是你的職涯高峰期,但 AI 卻是當時的主流,該如何是好?桑德拉藍加認為,下個世代的人恐怕很難「一職到底」,在大企業裡按部就班升職的情況,將一去不復返。

請看看這個可怕的情況,工作二十年的你必須**轉職改行**,這將牽涉到許多棘手的問題:

- 你能勝任新工作嗎?

- 薪水足以養活自己嗎？
- 你是否需要花錢接受新訓練或學習新技能？

透過桑德拉藍加的分析，總結出時代的演變過程。過去你可以在同一家公司做到退休，現在卻不太可能。雖然現在換工作、換跑道也不稀奇，但桑德拉藍加預言未來轉職改行的情形會更加司空見慣。

轉職改行的不確定性與壓力

桑德拉藍加如何看待轉職改行與財務自由的關係？假設不出二十年你必須轉換跑道，是不是一想到就胃痛？就算真的成為一種「常態」，過程仍然充滿壓力。

轉職改行最令人害怕的就是不確定性，要是沒能立刻轉換成功，或是只好屈就低薪工作該怎麼辦？若轉職就必須回學校念書進修該怎麼辦？種種轉職所付出的代價非常高。

但如果你有一座生財金山，能提供你足夠的收入來支付生活開銷，肯定不會那麼焦慮。

全民基本收入不是解決失業的對策

　　既然談到轉職的支付成本，就順帶談談最近的熱門議題：「全民基本收入」*，指政府每個月發給每位公民一筆錢，例如 1,000 美元，以支付基本的生活開銷。

　　我也詢問桑德拉藍加對全民基本收入的看法，請看以下訪談內容。[5]

　　問：請問您對全民基本收入有何看法？因為只要談到
　　　　AI 會讓大家失業，就會聯想到這個議題。
　　答：我非常支持重新建構與強化美國的社會保障制
　　　　度。因為現制是針對二十世紀的全職經濟設計，
　　　　現在理應讓零工經濟的打工人與自由工作者也能
　　　　享有社會保障，同時還要為處於轉職期間的人提
　　　　供更多支持。

　　　　　但我不認為全民基本收入是正確的對策。我
　　　　經常參加這類座談會，其他嘉賓都對它讚不絕
　　　　口，我是唯一唱反調的。可是當座談會結束，我

---

* 全民基本收入（Universal Basic Income）也稱為「無條件基本收入」，主張
　由政府無條件、定期給予民眾固定、可預期的基本收入，讓所有人都能有固
　定收入可運用。

跟聽眾閒聊時才發現，那些看似贊同全民基本收入的人，其實是支持更完善的社會保障制度。

若真要動用政治資本打造像全民基本收入的全新社會保障制度，那它的規模就等於現有的社會保障制度加上聯邦醫療保險*般龐大，這兩大公共計畫一年就要花費 2 兆美元。要是我們真有財力廣發全民基本收入，不如把錢花在刀口上，鎖定適當對象提供保障。

---

* 聯邦醫療保險（Medicare）是美國為 65 歲以上民眾、65 歲以下殘障者、永久性腎衰竭，以及肌萎縮性脊髓側索硬化症（俗稱「漸凍人」）患者，所設置的醫療健康保險計畫。

提早為轉職、改行做準備

　　有關 AI 的討論，常會摻雜科技究竟會不會影響某些產業的猜測。但我特別想探討 AI 對零工經濟的影響，因為零工經濟算是新趨勢。過去我們只聽說新科技取代舊科技，鮮少聽到新科技取代別的新科技。以下是本章的重點摘要：

• 雖然機器人確實有可能取代人力，但政治人物有權延緩科技帶給人類工作所引發的衝擊與漣漪效應。
• 未來的工作者不僅無法「一職到底」，還有可能要轉換跑道，請預先做好準備。

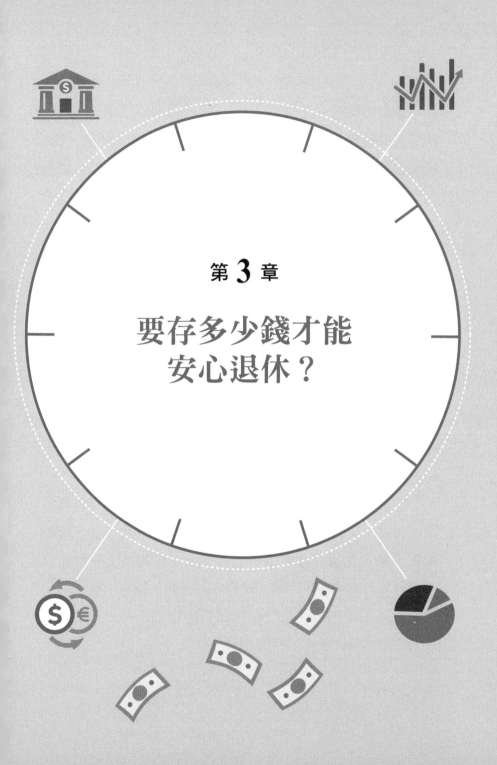

第 3 章

要存多少錢才能
安心退休？

　　你有發現嗎？這幾年，不少電競大賽居然祭出高達 100 萬美元的高額獎金，吸引選手參賽！這可不是小數目，是 1 後面跟著好幾個零。即使數學再差的人，也都知道 100 萬美元對小資族來說，要存好多年。

　　不過最近我發現，有人竟吐槽 100 萬美元根本不算多，至少不像過去那麼值錢。這種想法或許沒錯，因為 100 萬美元恐怕連在紐約都買不起一間套房，話說回來，還沒存到 100 萬的人，哪有資格嫌錢少。

　　我不是說存到 100 萬美元，就可以退休了，這可能還不夠。我的重點是，當你累積出價值 100 萬美元的資產時，意味著你已經朝向財務自由邁出漂亮的第一步。如果有人覺得這個目標遙不可及，我希望你讀完本書後，能夠獲得實用資訊，找出適合自己的存錢方法。因為存到 100 萬美元，甚至是更多錢，其實遠比你想像的更容易達成。

　　本章的目標是要讓你明白，該存多少錢才能獲得財務自由。其實，這個問題很難回答，因為未知因素太多了，即便讀完本章，你還是會有很多疑問，究竟要如何獲得財務自由？我要再次重申，所謂的財務自由是指，擁有一座生財金山，能產生足夠收入支付你每個月的生活開銷。「產生收入」的方式有很多種，例如：

- 你的生財金山是股票或 ETF，每年可讓你坐收可觀的股利（稍後會再詳細說明股利）。
- 你的生財金山是能收取租金的房產投資，每個月會產生一筆收入，足以負擔你的生活開銷。

財務自由意味你不必靠正職工作收入，即可維持生活，稍後我會對財務自由做更詳細的定義，目前只要先記住這個簡單的說法即可。

凡是關於未來的討論，總是帶著高度臆測，因為我們無法確知明天、一個月、一年、數十年後會發生什麼事，更遑論像 AI 可能取代人類工作的複雜主題，但也許一切只是庸人自擾。

在後續章節，我將說明 AI 如果沒有取代工作，只是虛驚一場的話，那麼情況會是如何演變。不過此刻，請容我提出最壞的狀況：AI 即將搶走你的工作。若真是如此，你必須自問以下兩個重要問題：

- 我何時會失去工作？
- 如果我沒工作了，該存多少錢才能支撐失業期間的生活開銷？

我們無從得知你會被 AI 取代工作，還是因為其他理由失業，如例行性裁員。但與裁員相比，如果你從事的產業完全改由機器人上陣，代表你的專業技能慘遭淘汰，恐怕很難快速找到新工作，這將徹底改變你的工作本質。

當你的技術變得一文不值，不再有競爭力該怎麼辦？或是公司只肯以十年或二十年前的最低工資雇用你，又該怎麼辦？畢竟這可是你耗費了數十年光陰，才練出的一身好手藝，想到這副情景，就讓人不寒而慄！

以目前的情況而言，如果你被公司裁員了，也許能在本業或是其他相關產業找到新工作。但如果你從事的這一行，愈來愈仰賴機器人，那你跟你的技術還有容身之處嗎？可能會面臨以下處境：

- 你無法從事原本的工作或是類似工作。
- 你必須學習新技能，使自己能應徵那些未受 AI 影響的工作；或是用這個新技能，應徵 AI 創造出來的新工作。第 1 章曾提及，AI 其實會創造新工作，但目前還很難判斷會產生哪些新職務，也不知道薪資水準會落在哪個區間，以及你需要接受哪些職業訓練，才有資格從事這類新工作。別忘了，職訓不僅曠日費時，還可能所費不貲。不過，坊間也有很多知名企業十分重視此次轉型，願意花大錢提升現有員工的專業技能。

從另一個角度來看，雖然美國勞工部勞動統計局在 2019 年 9 月發布的數據顯示，美國的失業率只有 3.5％。[1]是這半世紀以來的低點，但在 2020 年新冠肺炎（COVID-19）流行期間，因為該病毒肆虐導致經濟停擺，使得失業率隨之上升。不過在病毒爆發前，部分企業未雨綢繆，在經濟強勁、低失業率的時候，斥資提升員工的技能。

由此可知，如果 AI 還「不成氣候」，我們的工作技能就已經趕不上應有的水準；那五年或十年後，一旦 AI 的發展趨於成熟，扎根在我們的經濟體系，屆時我們的技能應該達到什麼樣的水準？換言之，我們提升技術水平的動作夠快嗎？能超越 AI 的發展速度嗎？這個問題很難回答。但要討論「技能再造」*，就不能回避。

「技能再造」一詞簡潔有力，很適合作為政治人物或企業家在媒體上侃侃而談的論據，但未必是適合你的一個解方，因為技能再造是有風險的，如果你學不會新技能，要憑什麼生活？你付不起學習新技能的費用該怎麼辦？但如果你

---

* 技能再造（reskilling）是指讓員工可以從事新工作，或培訓從事不同的工作。

已經擁有一座生財金山，這些煩惱就迎刃而解，對吧？

如前所述，我們必須把握未來十年，趕在 AI 巨浪來襲前，努力打造一座生財金山，獲得財務自由。以十年的時間達成目標頗為合理，況且 AI 的發展或許也需要十年才會對人類的工作形成脅迫。無論威脅會提前還是延後，我們姑且先設定十年。

我之所以把本章標題定為：「要存多少錢才能安心退休？」，是因為此事確實與 AI 息息相關，AI 來襲的時間愈晚，代表你能繼續工作的時間愈長，也更有充裕的時間打造一座生財金山。

財務自由的核心公式

接下來我要探討第二個問題：

你要存多少錢，才能支付日常開銷？

我要重申，我們的目標是打造一座生財金山，規模愈大，產生的收入就愈多。

有關個人財務的核心概念，其實是一道簡單的算式，人人都能理解，完全不需要微積分的高深學問。公式如下：

收入－支出＝個人收益

理財的基本原則，就是了解什麼是收益？意即付完生活開銷之後所剩餘的錢。

請注意收益跟營收不同，營收指的是，一個營利事業在扣除營業成本前所賺到的錢，營業成本包括員工的薪資、辦公用品、辦公室租金與進貨等。上述這道算式的「結果」是指個人的收益，「收入」則是指營收。

多數人的收入多半來自主業的薪水，但也可能來自房客的租金、股票股利或工作餘暇兼差賺進的外快。至於你需要支付的費用，包括所得稅、房租或房貸、電信費、網路費、水電瓦斯費、食衣住行娛樂費用、美容美髮、社交費（例如購買親友的生日禮物）等。想知道你的收入扣掉支出後，究竟剩多少錢，除了澈底了解自己的所有開銷，別無他法。

你的理財目標就是設法將「你的錢」極大化，想要讓銀行裡的存款變成 100 萬元、200 萬元或 300 萬元，並無奇招，唯一方法就是把錢存進去。沒錯，存到 100 萬美元需要一些時間，而且過程絕對會讓人感到洩氣。

雖然投資股票和房地產可以加快達標速度，但前提是必

須存錢且持續投入。致富無捷徑，除非你中樂透，或以數百萬美元出售自己創辦的公司，否則想將「你的錢」極大化，必須讓「收入」儘量變大，「支出」儘量變小。本書稍後將陸續說明增加收入與減少支出的方法，接下來我先談一些理財知識。

儲蓄率決定財務自由的速度

儲蓄率是與財務自由息息相關的重要名詞，簡單說，就是稅後收入存下來的百分比。或許你還聽過另外一個名詞「**可支配所得**」，就是你的稅後所得，即你繳了所得稅後剩下的錢。

要計算你的儲蓄率非常簡單，只要把你每年存入銀行的錢，除以你的稅後所得即可。假設你每年的稅後所得是 5 萬美元，扣掉你的食衣住行育樂等支出 4 萬美元，每年可以存下 1 萬美元（50,000 - 40,000），年儲蓄率就是 1 萬除以 5 萬，也就是 20％。

所得稅

在此提醒，你的收入需要繳稅。如果你是自由工作者，必須自行計算稅額，或是請專業人士幫忙處理，而且通常要按季繳交 *。如果你是領薪族，所得稅會從你的薪資預先扣除。

在美國除了要繳聯邦稅、州稅，有時還得繳地方稅 **，但有幾個州例外，是不課所得稅的。州稅大約是所得的 6% 至 9%，所以你是移居或本來就住在免州稅的地方，那就省下一筆費用。

如果你的工作產業僅限在州稅很高的地方，例如紐約州或加州，可能很難跳槽；但若是遍及全美，就能搬到不必繳州稅的地方，因為光是省下 6% 至 9% 的州稅，就能讓你更快達到財務自由，還不必犧牲生活品質，例如為了省錢而減少上餐廳的次數。

根據美國商務部經濟分析局（Bureau of Economic Analysis, BEA）在 2019 年 8 月公布的資料顯示，美國個人儲蓄率為 8.1%。[2]†以我多年擔任財經記者兼個人財務評論員的經驗得

---

* 台灣自由工作者收到的勞報單上，會有所得稅與二代健保補充保費的扣繳項目，每年五月報稅。

** 聯邦稅以個人所得稅、社會保障稅為主，其次有公司所得稅、消費稅、遺產和贈與稅、關稅等；州稅以銷售稅和使用稅為主，所得稅為輔；地方稅以財產稅為主。

† 根據台灣行政院主計總處的預測指出，2021 年台灣平均儲蓄率將升至 41.32%。

知，專家通常會建議個人的儲蓄率至少要達到 10％，近來有人提出最好能提高到 15％。

美國的平均儲蓄率能如此接近專家的建議，著實令人欣慰，因為 2008 年金融危機的隔年，2009 年平均儲蓄率只有 3％。[3] 看到這裡，不難想像以 8％、10％或 15％的年儲蓄率要達到財務自由，恐怕需要很漫長的時間。

如果你現在才 30 多歲，儲蓄率已經達到全國平均值，每年存下 8％的收入，那你應該能在 65 歲順利退休。假設你的稅後年收是 7 萬美元，乘以 8％，一年應能存下 5,600 美元。

假設你再把 5,600 美元投入股市，每年可獲得 8％的報酬，按照複利計算，你將在 65 歲存到 100 萬美元，而且這還是假設你的存款為零，在沒有任何淨資產的情況下開始存錢。

100 萬美元看似不足以負擔退休生活，特別是在紐約州和加州物價很高的地區，或是倫敦和香港等國際都會城市，恐怕會有點捉襟見肘。但其實只要儘量壓低生活開銷，不活到 120 歲，100 萬美元是足夠的！

剛剛所做的預測和計算，不是最準確的。首先，假設你未來三十五年的年薪一直是 7 萬美元，你的年儲蓄率也一直是 8％。但是你的薪水應該會增加，對吧？說不定十年或十五年後，你的年薪會變成 10 萬或 15 萬美元，甚至有可能高達 20 萬或 30 萬美元。一旦薪水增加，便能存下更多的錢。

但從另一個角度來看，這個結果是假設你每年至少有 7 萬美元的收入，而且還不會因 AI 或其他因素失業。問題來了：誰能保證你未來三十五年一直會有工作？在這麼長的時間裡，任何事都有可能發生。舉例來說，如果你在某家新創公司擔任產品經理，誰能預測三十五年後，你的薪水會是多少？或者公司是否還有繼續營運？

想想過往經驗，一些成功經營數十年的老牌企業，被瞬間爆紅的新創公司擊得潰不成軍，諸如此類的情況屢見不鮮，今天的市場龍頭，難保明天還能繼續稱霸，例如車市的後起之秀特斯拉（Tesla），2019 年 12 月初的股票市值已高達 650 億美元，[4] 反觀老前輩福特（Ford）汽車的股票市值卻只有 350 億美元。[5]

因此，若是能大幅提高你的儲蓄率，結果會如何？例如一口氣提升到 60％，夠高了吧！你肯定不相信自己有辦法存下六成的收入。但何不先試算看看，這麼高的儲蓄率會許你一個什麼樣的財務未來？

7 萬美元的年收，如果每年存下六成，金額會是 4.2 萬美元，整整比原本 8％的儲蓄率多存下 3.64 萬美元（42,000 - 5,600）。這時候你肯定會想：2.8 萬美元（70,000 - 42,000），

哪夠我一年花費？，這點我們稍後討論，現在先看它將如何影響你的財務。

如果你每年將 4.2 萬美元投入股市，每年投資報酬率 [*]是 8％，44 歲就能存到 100 萬美元，這個結果是假設你在 30 歲從零資產開始存錢。上述是按複利計算的結果，網路上能找到計算複利的工具。

如果你把 60％的稅後所得存下來，只要十四年就能財務自由。若是只有儲蓄率 8％，就得花上三十五年。每年存下 8％的年收，是你父母那一輩存下退休金的方式，每個月存一點，到了 65 歲就能安穩退休。

但是他們不需要面對 AI 的威脅，也能一直做一份工作到三十年後順利退休。不過科技變化之快，人們現在已經很少只做一份或換了兩份工作，就能一路到退休。

雖然 60％的儲蓄率確實極端，卻是財務自由的行動關鍵。換言之，選擇用這種極端手段逼自己存錢，能讓你十四年就財務自由，但按照傳統積少成多的方式慢慢存，就得花上四十年。

接下來，我們要進一步挑戰自己，試試把儲蓄率提高到

---

[*] 投資報酬率 (Return of Investment, ROI) 是指，投資獲利相對於投入資金的比例。投資報酬率 (％) ＝獲利 ÷ 總投入本金

70％，情況會是如何？以 7 萬美元的稅後年收計算，一年可存下 4.9 萬美元，但全年的生活開銷要緊縮到 2.1 萬美元（70,000 - 49,000）。這麼一來，你只要花十二年就能存到 100 萬美元，比起只存六成年收入，足足快了兩年。

存錢和賺錢都是一種本事

前述範例尚未提到增加收入，只探討節流，是因為開源並不容易，大幅節省支出，提高儲蓄率，會比開源更容易。若想增加收入，你需要在目前的工作中提出加薪、找一份薪水更高的工作、兼差或經營副業，但不論哪種做法都無法快速如願。

反之，「節流」是心動就能馬上行動，例如：取消訂閱音樂串流服務；減少外食次數，改買便宜咖啡；或是打折時再買新鞋，這些節流行動全是短時間內（甚至立刻），就能輕鬆搞定的事。

儘管如此，開源的重要性仍不容忽視，畢竟你能節省的支出有限，想憑節流達到財務自由很難，加上開源才是更穩當的做法。

我們沿用先前範例，假設你的稅後年收為 7 萬美元，因

為升職再獲得稅後 1 萬美元的加薪，現在你的稅後年薪變成 8 萬美元，如果你能存下 8％（全美的平均儲蓄率），一年就有 6,400 美元。每年都拿這筆錢去投資，三十五年下來大約會有 110 萬美元，比年薪 7 萬存下 8％，足足多了 10 萬美元。當然前提是你三十五年的年薪，一直維持在 8 萬美元的水準。

現在試算，把儲蓄率一口氣拉高到 60％的結果：8 萬美元的六成是 4.8 萬美元，如果你每年拿這筆錢去投資，年化報酬率 8％，只要十三年就能存到大約 100 萬美元。

為了激起你的鬥志，試算存下七成的收入會如何？ 8 萬美元的七成是 5.6 萬美元，如果每年拿這筆錢投資，年化報酬率也是 8％，只要大約十一年就能存到 100 萬美元，比年薪 7 萬存下七成略快。

這道算式裡的兩個元素：收入與支出都很重要。如果你是個能賺敢花的人，即使稅後年薪高達 25 萬美元，也是不可能獲得財務自由。反之，稅後年薪只有七、八萬美元的人，只要能存下六成薪水，日後的財務狀況肯定會比賺多卻花個精光的人更豐厚。

如果你的年薪有六位數，又認為一輩子都會賺這麼多，覺得未來沒什麼好怕，那我衷心祝你好運。不過，賺得多並不代表你不必努力存錢，因為會存錢跟會賺錢一樣，都是一種本事。只要「賺到→存下→投資」的錢愈多，就能愈快打造生財金山。

如果你對於範例中，每年 8％的投資報酬率有疑問，請參考第 5 章的詳細說明。我要再次重申，書中範例僅供參考，因為實際情況牽涉到其他變數。例如股市表現不佳，一年投資報酬率變成只有 5％或 6％，就需要更長時間才能存到 100 萬美元。

提出範例是要告訴你：「想怎麼收穫先怎麼栽」，同時養成你追求財務自由的心態。傳統的個人理財書大多建議存下一成的年收，但當你看了本章的舉例後，應該能發現每年若只能存這點錢，恐怕要數十年才能達成目標。我希望大家能盡快達到財務自由，趁著工作還沒被 AI 搶走之前 —— 天知道什麼時候會發生。

複利是財務自由的推手

前文範例都是從複利衍生的概念，複利是個人理財的得力推手，幫助你更快達成財務自由的目標。假設你把 100 美元存入銀行的儲蓄帳戶，銀行給你 1％年息，一年後你會得到 1 美元的利息（100 × 1％ ＝ 1）。到了第二年，你的本

金變成 101 美元,加上 1%的利息 1.01 美元,你的本金很快就變成 102.01 美元。

你的本金不再是原先的 100 美元,就連第一年賺到的 1 美元也能生息。你看懂複利的運作模式了嗎?只要你的錢不領出來繼續存下去,就會一直重複「息又生息」的模式。在時間的加持下,複利的威力會益發強大。這就是為什麼愈早開始存錢愈好,因為年輕就是你最大的「本錢」,即便這時賺得不多,還有大把時間當你的致富後盾。

先前的範例都是以存到 100 萬美元為目標,現在的關鍵在於,如何在每年 8%投資報酬率的條件下,用最短的時間存到 100 萬美元?當你存到 100 萬美元後,再繼續存十年或十五年會變成多少錢?持續存三十五年又會如何?要是在你 65 歲退休前,一直逼自己存下年收的六成又會如何呢?

假設你的稅後年收有 7 萬美元,存下其中六成,一年會有 4.2 萬美元,持續存三十五年,再按 8%的年報酬率計算,你的存款餘額會是下方結果:

- 十年後,約 60 萬美元
- 二十年後,約 190 萬美元
- 三十年後,約 470 萬美元
- 三十五年後,超過 700 萬美元

這可不是小數目，而且每過十年，存款增加不只一倍。這些數字揭露了重要事實：

1. 複利的威力需要時間加持。這麼多年來，你每年存入固定的錢（一年 4.2 萬美元），每年的投資報酬率也是固定的（8％）；但是你的投資在十年至二十年間卻翻了不止一倍，二十年至三十年間又是如此。更驚人的是，在三十年至三十五年的短短五年間，你的投資報酬居然超過 200 萬美元。

2. 既然複利的力量需要一段時間才能發威，你或許會認為財務自由的行動似乎有瑕疵。我們拚命節省開銷、存錢投資，以最短的時間打造生財金山，然後辭職追求自己熱愛的事，這樣豈不是享受不到複利的時間紅利嗎？在這種情況下，除非你熱愛的新工作收入跟以前一樣多（或更多），否則你的確無法充分享受複利效應。想想看我說的有沒有道理。

3. 記住！希望你省吃儉用、拚命存錢的重點，不是為了讓你很快辭掉全職工作，虛度人生，而是預先做好準備，不至於因為突然失業而窮困潦倒。好好把握未來十年，打造最安穩的財務系統，才能經得起 AI 突襲。

不過，連續三十五年都省吃儉用的確不容易，所以財務自由行動才會主張儘量縮短時間（譬如十年），打造一座能夠養活你的最小型生財金山。即便 AI 搶走你的工作，也不會收入全無。說不定到時你還能打點零工，或者領取政府提供的紓困補貼，例如普發全民基本收入。

我們無從得知到時你能賺多少錢，所以才會趁你還有工作，儘量把錢存下來。這種極端的存錢方法，就像替自己買一份失業保險，要是你的生財金山能產生足夠的被動收入，支付你每個月的全部（或大部分）開銷，根本就不必擔心 AI 的威脅。

複利效應已為人熟知，但財務自由的目的不是提倡大家要年復一年地不停工作，打造價值 1,000 萬美元的資產。如果你大量讀過財務自由的相關文章就會發現，追求財務自由不是要成為千萬或億萬富豪。他們擔心的是二、三十年後，可能會因為管理階層改組、工廠遷移海外或 AI 威脅而失去工作。因此，儘管連續三十五年省吃儉用、拚命存錢看似不切實際，但當你看到存摺上的數字不斷增加，肯定還是很有成就感。

財務自由的三種生活型態

我在前文「儲蓄率」提出的範例，都是以存到 100 萬美元為目標，這是我個人用來評量財務自由的基準。你的標準可能略低或遠高於 100 萬美元，或許你認為要有 200 萬美元、300 萬美元，甚至 500 萬美元，才算達到財務自由。因此，判斷財務是否自由的方式因人而異，有些人重「量」，有些人則更重「質」。

我們暫時脫離數字，聊點人生觀的話題：財務自由後你打算做什麼？辭掉工作，徜徉海灘享受人生？還是去做你最愛的事，像是到動物收容所工作或成為一名繪本作家？或者你不辭職，持續工作到退休？現在，逐一討論前述財務自由的後續發展！

辭職遊山玩水享受人生

這只是句玩笑話，請別當真。就算你痛恨現在的工作，每天夢想住在海邊悠閒度日，但我奉勸你別亂許願，等真的過上這種日子，可能會覺得好山好水好無聊。我不是說你一定會回頭「重操舊業」，但與其整天在海邊閒晃，虛度人生，不如找點事做。

根據美國德美利證券（TD Ameritrade）委託哈里斯民調公司（Harris Poll）在 2018 年進行的調查發現，75％已經財務自由的受訪者表示，他們努力的重點是財務自由，不是提早退休而不再工作。

假設你 45 歲就財務自由，難道打算從此遊手好閒、度過餘生嗎？應該不是吧！就算你的工作被 AI 取代，多半還是會找自己能做的事，這點很重要。本書所提倡的財務自由，是要大家未雨綢繆，趁著還有工作時努力存錢，保障未來生活無虞。不管你將來是因為 AI 而失業，還是被公司裁員，生活都不會陷入困境，拚命存錢的目的不是為了餘生無所事事。

辭職去做自己熱愛的事

有些人會在財務自由後辭掉原本的工作，做自己熱愛的事或是打零工，甚至有些人會改當全職部落客，接廠商業配賺取廣告費。還有些人改當自由撰稿人，按照自己的興趣和步調寫作。總之，他們不走回頭路，不想每週在辦公室裡，吹著冷氣工作四十小時到六十小時的生活，這個做法顯然比虛度人生來的務實。

已經財務自由的你，不必擔心現在的工作或兼差收入不夠支付開銷。假如你辭職前的正職工作，每年的稅後年收有 7 萬美元，辭職後的新工作月薪只有 2,000 美元；雖然兩者差距頗大，但你的生財金山每個月能產生 2,000 美元的收入，加上新工作的 2,000 美元，你一個月的總收入就有 4,000 美元。就算少了之前正職工作的薪水，應付生活開銷仍綽綽有餘。

不辭職繼續工作

這是我理想的做法。你憑著多年來的省吃儉用，順利存錢，即便你不喜歡目前的工作，卻選擇不辭職，我認為很棒，這是基於以下原因：

- **萬一哪天你被裁員也能生活無虞。因為你已經存下能生財的資產，這份收入足夠支付每個月的生活開銷。**
- **如果你從事的產業被 AI 淘汰（再次重申，這跟你被公司開除或裁員不一樣，整個產業沒落的問題更為嚴峻），你也不會陷入財務困境。**
- **因為你工作從未間斷，所以專業技能不會荒廢。辭職不工作的風險在於，要是你兩年、五年或十年後想重返職場，履歷表上會出現一大段空窗期，有可能需要**

向面試官解釋離職與不工作的原因。我們不確定他們
對於這段空白會做何感想，但如果你辭職後曾改行從
事熱愛的新工作，就能向對方說明，你在新工作中學
到的技能要如何派上用場。

- **不辭職能繼續享有勞健保，前提是這份工作原本就有
  提供。**我會在稍後探討這項議題，因為它是財務自由
  中一項不確定的因素。不辭職的好處很多：其一，你
  會加入雇主提供的勞健保方案，不必自己張羅；其
  二，許多雇主會支付一部分的健保費，甚至有些還會
  全額負擔。

我特地說明目前三種情況，是要呈現不同型態的財務自
由。每個人追求的目的未必一樣，有人很討厭現在的工作，
希望辭職後不必為經濟煩惱。有人喜歡工作，不打算辭職，
但擔心 AI 取代工作。其實最重要的是，達到財務自由不表
示你要離職，更不代表你要直接退休。

當你擁有一份全職工作，同時存錢投資累積大量資產
時，務必先想清楚自己的目標。如果你計畫經濟獨立後立刻
辭職，轉行做你喜歡的工作，或許你的生財金山規模不必那
麼大，因為新的工作或兼差還能賺取一些收入。

如果你打算辭職後再也不工作，只靠之前累積的財富度過餘生，生財金山的規模可不能太小，否則很快會坐吃山空！如果你達成財務自由後繼續原本的工作，因為仍保有主要收入來源，追求經濟獨立的步伐就能輕鬆些（但要隨時留意 AI 的威脅，雖然你現在還有工作，卻不代表是永遠）。

財務自由的目標可以隨時調整，一切由你作主。即使你原本一直抱持著這種想法：等我存夠了錢，立刻辭掉這個爛工作！但是等你真的財務自由，或是成功累積出一大筆財富，足夠養活下半輩子時，說不定會發現自己沒那麼痛恨上班，因為你已經不必再為五斗米折腰，反倒更能享受工作中的樂趣。

換言之，大多數人把工作視為賺錢機制，想法雖然沒錯，卻很容易讓人充滿無力感，因為你會害怕失業後喝西北風。但其實等你財務自由，再也「不必」工作時，反倒因為卸除這層心理負擔，變得更樂在其中。因為這時候工作賺錢是為了吃喝玩樂，例如出國旅遊、休閒購物或是買新車，而不是付房租或吃三餐等基本生活開銷。還有另一種可能是，遇到一群志同道合的同事，讓你捨不得離開這個職場；抑或擔心辭職後，整天呆坐在家中很無聊，所以決定繼續上班。

你可以隨時修改目標，或在不同的財務自由類型中切換。雖然其中牽涉的因素很多，但重點都是：儘早打造被動收入，就不必再為五斗米折腰。這並非意味著你的工作不

好，而是代表自給自足是一個崇高的目標和地位。

要有多少錢才夠用？

人生中最重要的問題可能是：

我需要多少錢才能達到財務自由？

即使讀完本書，也未必能說出一個確切數字。因為這個數字因人而異，而且涉及到很多因素，包括你的人生目標、年紀和現職，以及你有幾個孩子？他們是否打算念大學？需要幫孩子支付大學學費嗎？

因此，你應該為未來做好財務準備，制定一張通往財務自由的路線圖。如果你覺得自己一個人沒辦法想清楚，不妨找一位專業的財務規畫師，跟你一起逐一檢視目前的財務狀況，協助你擬定未來幾年想要實現的財務目標。

在思考需要有多少資產以支付你每月的生活開銷時，不妨考慮以下幾個重點：

你的生財金山如何產生收入？

　　前述範例提及，你可以用十四年的時間存到 100 萬美元，現在就來檢視這 100 萬美元如何產生收入。把 100 萬美元放銀行定存，年利率 2％，每年的利息是 2 萬美元（100 萬美元的 2％），但這 2 萬美元是要繳稅的[*]。如果是 200 萬美元放銀行定存，每年的利息是 4 萬美元。無論你存入的是 100 萬還是 200 萬，重點是絕不能動用本金，只能以它產生的利息過日子。因為生財金山的規模愈大，你收到的利息就愈多。所以你的本金必須夠多，才能產生足夠的利息，支付你每個月的帳單。

　　簡言之，你的本金愈高，才能獲得夠多的利息。但如何才能存下更多本金呢？你需要有一份正職工作，並存下七成的收入，然後把這筆錢投資在報酬較高的標的，例如指數型基金或是能收租金的房產。

你可以動用多少錢？

　　從前文範例得知，產生每年 4 萬美元的收入方法如下：

---

[*] 以台灣為例，根據國稅局指出，定期存款利息金額在新台幣 20,010 元以上，應按給付之利息扣繳 10％所得稅。

　　把 200 萬美元放定存，如果年利率 2％，就可以得到 4 萬美元的利息。但是 200 萬美元並不是一筆小數目，首先你得有一份薪水還不錯的正職工作，還要超出美國平均水準的儲蓄率，才能存到這麼一大筆錢。雖然不是不可能的任務，但絕非一蹴可幾。

定存

　　定存是把錢存在銀行或金融機構一段期間，例如一年至五年，銀行會跟你約定一個利率，在定存期間不會變動，但在期滿前你不能動用這筆錢，如果想提前解約就要支付一筆費用，這很可能會侵蝕利息。

　　定存期間愈長，通常利率愈高（五年期的利率多半高於一年期）。不過，定存的利率大多偏低，因為存戶不需承擔很高的風險，不會像股票有股價上漲（好事）或下跌（壞事）的情形，所以定存不必擔心損失本金，但買股票卻可能因股價下跌而損失部分本錢，若是一直沒回漲，甚至可能血本無歸。

　　如果你打算把錢放定存，不如存入高利息儲蓄帳戶*，有時利率跟定存不相上下，還可以隨時動用這筆錢。

---

* 高利息儲蓄帳戶（high yield savings account）是美國一種提供高利息的銀行儲蓄帳戶，利息支付超過一般銀行儲蓄帳戶的 20 倍到 50 倍。

　　就算你沒能存到 200 萬美元的「母錢」，也可以擁有每年 4 萬美元的生活開銷。近來金融圈流行另一種頗獲好評的替代方案，這個方法不是靠本金產生的利息過活，而是會動用你的本金。根據美國嘉信理財集團（Charles Schwab Corporation）財經專家庫柏‧霍華（Cooper Howard）與羅伯‧威廉斯（Rob Williams）指出，[5] 要是你能存下 25 倍的全年開銷，然後每年提領 4％的錢出來花用，這筆錢或許夠你用上二、三十年。

　　換言之，你的生財金山規模必須達到每年開銷的 25 倍，再搭配每年 4％的提款率。假設你一年的開銷是 4 萬美元，乘以 25 倍是 100 萬美元，就是你需要準備的本金。按照他們的說法，第一年你可以從這 100 萬美元的資產（假設股票與債券各占一半）提領 4％出來花用，其後每年還能隨通貨膨脹率（大約是 2％至 3％）提高你的提款率（即每年可多提領 2％至 3％）。理論上來說，這個方法可以保證你三十年不缺錢。[6]

通貨膨脹

|||||||||||||||||||||||||||||||||||||||||||||||||||||||||||||||||||||||||||||||||||||||||||||||||||

　　假設你去雜貨店購物，買了雞蛋、牛奶、麥片、水果、蔬菜和冰淇淋，一共花了 50 美元。一年後，你到同一家店購買相同的商品，結帳總額卻變成 51 美元，多出來的 1 美元漲幅為 2%，這樣的物價上漲就稱為「通貨膨脹」。在雜貨店購物，2% 的漲幅似乎影響不大，但如果反映在房租上，就讓人很有感。

　　如果物價每年上漲，收入也必須增加，否則通貨膨脹會令我們感到購買力變差。政府衡量通貨膨脹的一項指標稱為「消費者物價指數」[*]，根據美國勞動統計局發布的報告指出，2019 年 9 月的消費者物價指數較 2018 年同期上升 1.7%。[7] 當你在盤算該存多少錢才能達到財務自由時，必須把通貨膨脹一併納入考量。以前述範例來說，你原本打算每年提領 4 萬美元支應生活開銷，但因為通貨膨脹不斷上升，不到十年，4 萬美元恐怕不夠一整年的支出。

　　這個做法同樣僅供參考，讓你在盤算自己該存多少錢才能安穩退休時，多一個思考架構，再多的「原則」也只是讓你「心裡有個數」。三十年其實不長，要是你現在 70 歲，

---

[*] 消費者物價指數（Consumer Price Index, CPI），用以衡量一般家庭購買消費性商品與服務價格水準的變動情形。

並預期活到 100 歲，這倒還好。如果你現在才 40 歲，儘管已經存到 100 萬美元，打算往後每年從中提領 4％來花費，那麼三十年後錢用完了，你才 70 歲，往後的日子該怎麼辦呢？

這就是為什麼你要確保財務自由後，仍能有某種收入（千萬別想著餘生都呆坐在海邊無所事事）。所以我們接下來要繼續探討，如何因應被 AI 打亂的生活。總之，等你擁有一座生財金山後，即便你的工作技能慘遭 AI 淘汰而失業，經濟也不至於陷入困境。

健保與其他保險費

我若是沒提健保與其他保險費，可就嚴重失職了。現在的你年輕力壯，難保幾年或幾十年後，是否會生病或受傷，因此很難預估未來花在醫療保險上的費用，這很可能是邁向財務自由的一大障礙。根據美國聯邦醫療保險暨醫療補助服務中心（Centers for Medicare & Medicaid Services）的數據顯示，2018 年全美的醫療保險支出，占國內生產毛額的 18％，約 3.6 兆美元。[8]

在美國看病時，即便你有醫療保險，當場仍須支付一筆

共付額 *，有時還需要動用到你的自付額（deductible）來支付醫療費用。顧名思義，自付額是你自掏腰包，支付最低金額購買醫療保險，確保保障持續生效，當醫療費超過你的保險額度時，保險公司才會開始分攤費用。醫療保險的自付額有時高達數千美元，因此想省錢，就努力保持身體健康。

保費和醫藥費都不是你能控制，但你可以致力於健康的生活方式，減少就診次數；也可以投票支持立場相同的政治人物，不過想要透過政策減輕醫保費用，需要不少時間。有些事情確實是你無法控制的，例如罹患某些跟基因有關的疾病、遇上意外事故等，雖然這不是你的錯，但還是會額外支出一筆醫療費。因此，你只能盡力而為，管理好自己的飲食起居，定期運動。

當你辭去朝九晚五的工作時，可能會選擇放棄醫療保險。但雇主通常會補貼你的醫療保險方案，意思就是雇主支付了一部分保費（優質雇主甚至會負擔大部分）。這就是為什麼我一直苦口婆心勸大家，即便你已經財務自由，在你決定辭職之前，還是要先想清楚，將來你要如何支付醫療保險費用。

---

* 共付額（copay）是一種固定金額，作為支付醫療服務或用品的費用，類似台灣的掛號費。

延續本書一貫概念：若是未來 AI 搶走你的工作，而你也依賴雇主幫忙支付醫療保險費的話，之後要從哪裡獲得醫療保險呢？以下是我的一些想法：

1. 擁有一座規模夠大的生財金山，用它產生的收入，支應我們的生活開銷與每月的醫療支出，這才是對抗 AI 威脅的主要方法。所以財務自由的定義，應包括有能力支付醫療保險費用。

2. 先不談 AI 對就業的潛在威脅，愈來愈多人希望，政府應為全民提供醫療保險。2020 年的美國總統大選，有多位候選人提出，在雇主提供的醫療保險之外，政府應開辦「全民健保」（Medicare for All）。不管你未來是被裁員還是被 AI 搶走工作，你的醫療保險都不會受到影響，因為它將是由政府提供。

在你盤算需要存多少錢才夠退休時，絕對不能輕忽醫療保險費用的重要性。切記，當你年紀愈來愈大時，有可能因為體弱多病而需要更多的醫療照護。

要存多少錢才能安心退休？

- 你需要多少錢才能財務自由，真的很難斷言，答案因人而異。

- 想清楚你財務自由的目標。當經濟獨立後，你會繼續工作嗎？即便已經財務自由，但非常在意 AI 的威脅，所以只要情況允許，你還是會一直工作？

- 如果中不了樂透，想要達成財務自由只有一條途徑：維持非常高的儲蓄率（譬如 50％以上）。如果你覺得壓力太大，別緊張，下一章會告訴你如何達成。

- 複利是投資與存錢的超強幫手，讓你更快達到財務自由，我會在第 6 章深入探討投資股市。

第 **4** 章

為失業超前部署，
預存退休金

你仔細看過薪資明細嗎？美國人的薪資明細非常複雜，可能會包含以下項目：*

薪資總額：＿＿＿＿＿＿＿＿＿＿

扣減項目：

聯邦所得稅：＿＿＿＿＿＿＿＿＿

社會安全稅**：＿＿＿＿＿＿＿＿

聯邦醫療保險費：＿＿＿＿＿＿＿

州稅：＿＿＿＿＿＿

地方稅：＿＿＿＿＿＿

401(k) 退休計畫提撥額：＿＿＿＿＿＿

醫療保險提撥額：＿＿＿＿＿＿

牙科保險提撥額†：＿＿＿＿＿＿

薪資淨額：＿＿＿＿＿＿

---

* 台灣薪資的扣除項目一般為勞保費、健保費、職工福利金、勞工自願提繳退休金。職工福利金是當企業有職工福利委員會時，才會內扣薪資；勞工自願提繳退休金是員工自願從月薪提撥 1％～ 6％做為退休金。部分公司還會以扣繳所得稅的名義，從薪水預扣一些稅額，等實際報稅時，可抵掉應納稅額。但多數公司不會先從薪資扣繳，而是結算員工過去一年所得後，於每年二月陸續寄發扣繳憑單，五月再自行報稅。

** 社會安全稅（FICA）是美國政府強制徵收的稅金，當作社會保障與聯邦醫療保險的基金。

† 雖然部分醫療保險可能包含一些牙科項目，但美國牙科保險（Dental insurance）與醫療保險是分開的，所以大部分的牙科保險需要獨立購買。

　　以上僅列舉主要扣除項目，實際情況因人而異。展示薪資明細是要讓你明白，有很多費用會被扣除。全職上班族（非自由工作者）應繳的稅金，也會直接從薪水預扣。在此不細聊報稅的事，只是要提醒大家，稅金可能是你現在最多的支出費用，你的收入約有三成（或以上）要繳給政府。*

　　現在，我要介紹一種新的稅收，稱為「AI 稅」。不過這筆錢是付給你自己的，請你把每個月拚命存下的錢想成是付給自己的稅金，當成是薪資單上的一個扣除項目。千萬不要一看到薪資淨額就以為：太好了，我可以用這些錢來支付所有的生活開銷。請先扣掉 AI 稅，剩下的錢才是用來支付必要開銷與適當休閒娛樂的真正生活費。

　　現在不必忙著計算你有多少錢可花，我稍後會說明如何自動扣除 AI 稅。簡言之，AI 稅就是把薪資淨額的六成存起來，做為日後的失業準備金。不管你是因為 AI 失業、被公司裁員或是公司倒閉，都不必為了生計擔心。我承認我的確是為了扭轉你的想法，不得已才以用「AI 稅」為你節省六成至七成的收入。

　　事實上，要把收入的六成至七成存下來，真的沒那麼容

---

* 根據台灣財政部台北國稅局指出，民國 107 年至 109 年度綜合所得稅，綜合所得淨額最低 0 ～ 540,000 元，稅率 5 ％；最高 4,530,001 元以上，稅率 40 ％，詳情請上財政部台北國稅局查詢。

易，需要花點時間，而且必須改變生活方式。

如實記錄你的花費

如實記錄你的花費，是件很痛苦的事。幸好現在有很多手機 APP 能幫忙，也可以用 Excel 試算表記帳，或是每晚睡前把你一整天的花費寫到筆記本裡（現在還是有人習慣用紙筆記帳）。你還可以用一張信用卡支付所有花費。什麼！有沒有搞錯？理財專家不是都強烈反對使用信用卡消費嗎？理由如下：

1. 有一派專家認為，刷卡購物有可能會失心瘋消費過度，或是買下根本不需要的物品。反之，用現金消費時，必須從皮夾拿出鈔票給別人，與鈔票「訣別」的心痛感會讓你三思：真的非買這雙根本穿不著的新鞋嗎？但換做是刷卡的話，衝擊力道比較小。

2. 反對刷卡消費的另外一個原因是，擔心你無法全額繳清卡費，導致不斷支付高額利息。但只要你夠自律，每月都**全額繳清**（而非只付最低應繳金額），那麼刷卡消費，反倒能輕鬆幫你追蹤開銷。因為你每個月都會收到一份刷卡明細，詳細記載所有消費與累計總額。有些發卡公司會在你登入網路銀行後，自動幫你把消費分門別類，像是餐費、休閒娛樂、交通等各種項目，還可以按特約商店分類，方便你了解自己在附近的超商或最愛的電商花了多少錢。

我主張刷卡支付所有消費的另一個理由是，會逼你持續追蹤所有花費。如果你是用試算表或 APP 記帳，恐怕是三分鐘熱度，最初幾個月可能會乖乖記錄每一筆開銷，但你能堅持半年以上嗎？有點難吧！

反之，信用卡會自動記錄所有開銷：每次刷卡的費用會立刻加總到你的帳戶裡。當你在繳款截止日的前一、兩天登入帳戶時，就會看到一份一目了然的消費清單。

不過，使用信用卡追蹤消費也會有漏網之魚，例如只收現金的理髮師，或是從口袋裡掏出零錢買口香糖之類的小額花費。其實追蹤這些現金支出不難，因為發生的頻率不高，只需要用手機隨手記下，或是寫在筆記本裡即可。

最低應繳金額

當你檢視信用卡帳單時，會看到兩個欄位是「最低應繳金額」與「本期應付帳款」，最低應繳金額通常比應付帳款少很多。即便你的應付總額高達數百美元，但最低應繳金額大約只有 25 美元。只要繳了最低應繳金額，就不會被收逾期違約金，通常介於 25 美元至 35 美元之間。當你只是付最低應繳金額時，就要開始支付利息了，信用卡的利率最高可達 25%，[*]想想這數字有多可怕，儲蓄帳戶的年息還不到 1%，即便是投入股市，一年能賺到 8% 至 10% 的報酬率就算幸運了。

所以千萬別落入「爽快刷，慢慢還」的陷阱，也別只付最低應繳金額，而應全額繳清。這樣既不必付違約金，也不必支付利率超高的循環利息。一旦你發現無力繳清全額，問題可就大了：你顯然已經超支，搞不好還是個寅吃卯糧的月光族。我雖然能理解你的苦衷，但如果積欠卡債的話，恐怕很難達到財務自由，稍後的章節會深入探討債務問題。

如實記錄開銷的最重要目的是看出你的消費習慣，不妨想像自己是一位數據科學家，看看你每個月的錢都花去哪裡

---

[*] 台灣信用卡應繳總金額逾 1,000 元並遲繳者，第一、二與三期的違約金收取上限分別為 300 元、400 元與 500 元。卡費金額 1,000 元以下者，銀行不得收取違約金。信用卡循環利率不得超過年利率 15%。

了？要是你在消費的當下沒有順手記錄，我保證你一定不清楚每個月的金錢流向，這樣就很難縮減不必要的開銷。

每個人都以為自己記得全部花費，但等月底看到帳本上的每一筆支出，才會大吃一驚。以我為例，我以前幾乎每天都會到公司附近的一家咖啡廳外帶午餐，當時我根本不在意，想說一個外帶便當才 9.75 美元，不算貴吧？總是要吃飯的啊！在紐約隨便吃個午餐都要 12 美元起跳，甚至超過 15 美元，我想每天花 9.75 美元買個便當應該算很省了，想不到大錯特錯！

當時我是刷卡購餐的，自認有在追蹤開銷，但直到我開始使用發卡公司的線上費用追蹤工具後，才發現自己的理財盲點。我用這項工具了解我在各家特約商店的消費情況，結果發現這幾個月居然在這家店外帶了九百多美元的午餐。我完全不敢相信，為什麼一天只花區區 9.75 美元，最後竟然會變成九百多美元？

這其實只是個簡單的算數，但在它們被逐一挑出加總之前，我完全沒有意識到這個事實。在我看到這筆加總的鉅額後，還會繼續去那裡買午餐嗎？當然不會！我開始自己在家做好便當，然後帶到公司吃，這樣一天只要花費 3 至 4 美元，比 9.75 美元便宜多了！

這則小故事告訴我們兩個重點：

1. 追蹤你的開銷非常重要，若不是透過刷卡記錄消費明細，我根本不清楚自己花了多少錢。

2. 光看你一個月的消費總額其實很無感，就像我每個月在這家店花 150 美元至 200 美元買便當一樣，等到累積五個月下來，發現居然消費了 900 美元，才讓我大吃一驚。所以不能只看一個月的花費，最好能查看半年來的支出情況，才能觀察出你的消費趨勢。再次重申，你可以利用信用卡網路銀行的消費整理工具，設定某段期間內（例如一個月、年初迄今或一整年）的消費，按照項目與店家分門別類，即可看出你的消費習慣。

談完追蹤開銷的重要性後，接下來要深入探討高明的省錢策略，其中不乏眾所周知的老生常談，但說不定也有你前所未聞的新招數。

四方法節省租屋開銷

每個人都要有棲身之處，所以住房支出肯定是僅次於稅金的最大開銷。很多人的收入扣除房貸或房租後幾乎所剩無幾，在這種情況下，想要存下收入的六成至七成，簡直是天方夜譚。

根據美國住宅暨都市發展部（United States Department of Housing and Urban Development, HUD）估計，美國有1,200 萬個家庭（包含有房者與租屋者）將五成以上的收入用於住房支出。[1]*這個數字相當嚇人，意即年薪一半以上都被住房支出吃掉，但這裡竟然要大家節省這筆錢。

若想達到財務自由，絕對要設法降低這筆費用，不然就得大幅增加收入，才能壓低住房支出的占比。擴增財源談何容易，不如先減少這筆支出。儘管開源節流雙管齊下會更棒，但開源沒那麼容易也不夠快，因為你必須要求公司幫你加薪或兼差賺外快才行，所以在此向各位介紹降低住房成本的方法：

1. **找室友分租**：如果你能找到一位室友分租，不但房租立刻減半，就連水電瓦斯與網路費都能平分。雖然室友不是馬上就能找到，但如果與人分租不會影響你目前的居住狀況，何樂而不為呢？

---

* 根據台北市政府主計處，觀察民國 109 年家庭消費結構，住宅服務、水電瓦斯與其他燃料占收入 27.37%。

2. **跟伴侶同居**：與你的伴侶同居代表你們的關係非比尋常，這是一件好事。不論你是跟室友還是親密伴侶分攤房租，都節省了一半的租金。這麼一來，口袋裡就會有更多的錢，也比較有可能實現 60％至 70％的儲蓄率。

3. **搬到更便宜的公寓**：這個做法非常簡單省事，也許你現在住的房子太豪華了，例如你真的需要全套不鏽鋼家電與全新的流理台嗎？一定要住附有豪華公設或健身房的小豪宅嗎？你的住所一定要配備專用的洗烘衣機嗎？其實，只要花點時間上網搜尋，就能了解附近的租金情況。這項資訊能讓你意識到，如果放棄一些華而不實的公共設施，能省下一大筆錢。

4. **搬到生活成本比較低的區域**：你是否住在生活機能極為便利的蛋黃區，對街就有公園，轉彎就有便利商店？我之前曾住在某個物價很高的大城市，只不過我是住在剛開發的新興區，當時周遭生活機能差強人意，距離最近的大眾運輸要走 15 分鐘，附近購物的商店很少，租金卻相對便宜，而且我還能對外宣稱住在「城裡」。但是隨著它的人氣逐漸升高，租金也跟著飆漲，我只好搬離「城裡」，移居到租金便宜的郊區。選擇住所時務必量力而為，否則方便的生活機能是要付出相對的代價。

個人理財沒有一套通則，但我希望本章提供的資訊能給你作為參考。如果你已經買房、有了孩子，但最近才得知「財務自由」的方法，要你立刻賣掉現在的住所，全家搬進一間較便宜的房子，孩子還不必轉學，這恐怕有點強人所難。但我仍需提醒你，花太多錢在住房上，是很難存錢打造供你退休養老的生財金山。

從日用品省錢的招數

有個眾所周知的理財招數：趁大減價時，多買生活必需品。但我想問：「你真的有這麼做嗎？」恐怕沒有。這個省錢原則主要適用於牙膏、肥皂、廚房紙巾等生活必需品，但這些用品很常有優惠，有時實體店的特價還比網購還便宜。所以看到你最愛的洗衣精特價就買吧！即使現在用不著，過一、兩個月也會用得上，趁生活用品特價時囤貨，算是公認最輕鬆的省錢方法。

在決定該買什麼品牌或容量的洗衣精時，不妨用手機計算每毫升的平均單價，有人覺得這麼做太極端，但是花個幾

秒鐘就能算出答案，何樂不為？因為大容量未必划算，這能幫你判斷哪個 CP 值最高，我經常「掐機一算」後決定買中等容量的洗衣精，因為它每毫升的平均單價比大容量更低。下次逛超市時，請把這種精打細算的精神融入購物習慣，拿出手機比價一番。

順帶一提，折扣下殺的囤貨方式，並不適用於非必需品，你可不能趁特價時縱容自己買下第五雙靴子，那對你的荷包沒有半點好處。一雙原價 300 美元的靴子，即使打對折也要 150 美元，但如果真的需要，在特價時購買也很划算。要注意的是，下手購買的重點在於你是否真的需要，而非特價。畢竟日用品是生活必需品，每個人都會用到肥皂和牙膏，但不是所有人都需要新鞋。

配合超市的本週特賣商品來採買，也是一個省錢的好方法，雖然是常見的理財建議，不過知易行難。因為本週特賣商品未必是你喜愛的品牌，但若想存下收入的六成，就必須有所取捨。換言之，你應該養成只買特價商品的習慣，而非執著於品牌，只要轉個念就能幫你省錢。

自己下廚比外食更便宜

　　雖然這是大家都知道的事，但我還是必須提出。這不是禁止你在外用餐，而是自己煮通常會比外食或外帶便宜。試想，除非你的收入高達六位數，否則晚餐都花 15 至 20 美元，要存下六成的收入談何容易。

　　但是自己下廚費時又費事，所以最好能建立做菜節奏，像是週日抽出兩小時，一口氣準備一週的午餐與晚餐。一週少買兩次便當，一年就能省下數千美元。接下來，相信你已經知道我要說什麼：將一年省下的數千美元拿去投資，經過數十年的複利效應，就會衍生出一筆可觀的退休金。

少買咖啡，每一塊錢都很重要

　　「早上別再買拿鐵。」肯定是最具爭議性的理財建議，有些人認為這很可笑，5 美元的拿鐵都不能買？上班前的小確幸也要剝奪？一天省 5 美元真的有差嗎？雖然 5 美元的拿鐵的確不能創造奇蹟，但接下來的範例，將讓你看到積少成多的影響。

　　以每月 20 個工作天計算，一年有 240 天（20 天 ×12

個月），如果你每天花 5 美元買咖啡（有些人還不止，下午
2:00 需要喝咖啡提神的人舉手），算下來一年就是 1,200 美
元。如果你把這筆錢投資到年化報酬率 8％的工具，經由複
利效應的加持，十年後就有將近 1.7 萬美元，二十年則將近
5.5 萬美元，看到這些數字，你還堅持非買不可嗎？

反對「早上別再買拿鐵」的人都認為，從長遠來看這點
小錢並沒有多大意義，應該把省錢焦點放在住房等大額的開
銷上。我同意要盡可能節省大筆花費，尤其是如果你希望在
65 歲之前退休。不過別忘了，本書提倡的是盡快打造一座
生財金山，最好十年左右就能辦到，而不是用四十年的時間
慢慢累積。這就是為什麼連買杯拿鐵的小錢也要省下來，因
為每一塊錢都很重要。

在固定店家消費，辦會員享優惠

「有會員卡嗎？」收銀員問我前面那位顧客。

「沒有。」客人回答。

我聽了大吃一驚！來這裡購物怎麼可以不辦會員卡，使
用這家店的會員卡購買日常用品，形同全店數百件商品都是
特價。放眼望去，幾乎店裡所有商品的標籤，都有原價與會

員價，所以不必多想，會員卡一定要辦，你只要花五分鐘在客服櫃檯填些資料，購買大部分商品就能立刻省下 10％。

　　從投資的角度來看，不論是打折還是特價，都是店家回饋給你的購物報酬。想不到這位顧客居然沒辦卡，明明能得到 10％的折扣卻選擇付全額。當然，這位顧客有可能是頭一次上門購物。但重點是，像這樣平白多付錢，長期下來將累積出可觀的金額，成為你盡快達到財務自由的阻礙。若是你有經常固定購物的店家，我實在找不出任何不辦會員卡或集點卡的理由。

刷卡消費賺現金回饋

　　我主張刷卡支付你的所有支出，不但能如實掌握你的花費，還有另一個好處：**累積點數兌換紅利商品**。

　　發卡公司為了吸引客戶，爭相推出比對手更優惠的回饋方案，這對消費者是一大利多，不妨上網搜尋相關資訊。

　　市面上有很多消費累積紅利點數的信用卡，客戶可以用一定的點數，兌換機票、飯店住宿，信用卡公司提供的電器或各種商品。有些信用卡回饋更優惠，能用較少點數換到不錯的商品。一些厲害的高手甚至以信用卡套利，成了眾人稱

羨的卡神。其實只要上網搜尋，多的是相關資訊，只需要花點時間深入研究即可。

我認為直接辦一張現金回饋卡更省事，只要刷卡消費就能獲得少量的現金回饋，通常是消費金額的1％，有些則會提供2％或3％。所以如果你買100元的商品，就會獲得1元（1％）或2元（2％）的回饋，一段時間之後，就能累積可觀的金額。很多現金回饋信用卡會針對某些項目，例如旅遊、餐飲、加油或購買民生用品，提供更高的回饋。

你還可以使用回饋金折抵部分卡費，假設你一個月累積了30元現金回饋，就能抵掉30元的帳單金額。當然也可以選擇請信用卡公司開張30元的支票給你，只不過需要花較長的時間。

這些回饋金形同投資的立即報酬，你會直接拿到一筆現金。反之，如果是用點數兌換機票或飯店住宿，你還得為此安排一趟旅程，雖然省了機票或飯店住宿費，但可能會產生其他花費，像是往返機場的交通費、餐費、活動和購買紀念品的費用。

再者，你會發現點數兌換的機票會有使用限制，例如只限平日或某些日期的機票。我曾經想用點數訂一張國際航線的機票，結果幾乎所有聯程機票都至少要轉機兩次，一趟從美國飛往歐洲的直航，為了要用點數換機票，變成要轉機兩次，對我來說，點數回饋的吸引力很小。

卡費全額繳清，回饋才有意義

我要提醒你：如果你不是每期卡費都全額繳清，那就不必理會這些回饋方案。以現金回饋信用卡來說，消費回饋頂多 1％至 3％，但你沒有繳清卡費所需支付的循環利息卻高達 20％，再多的回饋都沒有意義。唯有在全額繳清的情況下，才能真正享受到回饋優惠。

善用特約店家的優惠

當你登入信用卡網路銀行時，除了可以檢視對帳單、追蹤消費明細與線上繳費，還能注意到有優惠專區，主要是跟信用卡公司合作提供優惠的特約商店、服飾品牌、飯店和咖啡店（多半是全國連鎖的知名品牌）。

優惠方案可能是持卡消費打九折，或是刷卡滿額贈禮：持卡在指定店家消費滿 150 美元即可獲得 30 美元的刷卡金。不過我發現想要取得那筆刷卡金，光在店家刷卡還不夠，有可能要綁定信用卡。發卡銀行也會經常輪替提供刷卡金的特約店家，所以持卡人必須定期查看哪些店家有提供優惠，並綁定你的信用卡。

線上購物的省錢妙招

這是另一個省錢小妙招：每次上網購物，記得在結帳前先搜尋一下店家是否有提供促銷優惠代碼。你只需要輸入店家名稱與優惠的關鍵字，很可能會發現購物優惠折扣，立刻就能讓整筆結帳金額省下 10% 至 20% 的金額！

做這件事的投資報酬很划算：最多花 30 秒搜尋，立刻就能讓整筆消費獲得兩位數的折扣。要是你不嫌麻煩，還可以直接打電話給店家索取優惠代碼，雖然這可能比較花時間，但值得一試！

維持良好信用，貸款容易，利率也低

「個人信用評分」*會評鑑你的信用情況，有點像你在信用機構的「學業成績平均點數」（Grade Point Average, GPA）**。在美國讀大學、法學院或醫學院的學生，校方都會

---

* 利用資料進行全面分析、量化演算後的客觀結果，藉此預測當事人未來一年能否履行還款義務的信用風險。

** 學業成績平均點數（Grade Point Average, GPA）是多數大學與高等教育院校評估學生成績的一種制度，台灣是採百分點制，即 0 分到 100 分，美國大學成績則是以四分制或五分制的「點數」來計算。

看申請者的 GPA（當然還包括其他評鑑項目）。GPA 評鑑的是學生在校學業表現，信用評分則是評鑑個人管理自身財務的優劣。信用評分一般介於 300 分至 850 分，700 分以上算是優等生，[2] *信用評分愈高，房貸或車貸的利率愈優惠，就這麼簡單。

如何才能拿到高分呢？首先是零卡債，每個月都繳清卡費，代表你是負責任、守信用的持卡人，將來要申請金額更大的借款，例如房貸或車貸，銀行會比較願意借錢給你。

記住，信用卡的「欠債期」很短（按月結清），只要刷卡消費就是欠債，所以信用卡會有最高消費金額的額度。當你刷卡支付任何消費時，結清該筆交易的其實是發卡單位，而不是你。

提高信用評分的另一個方法是準時繳清帳單。當你想在金融機構借錢，例如申辦房貸或車貸時，個人理財專家一定會參考你的信用評分。如果你的評分很低，房貸利率肯定比較高，甚至若低於某個門檻，金融機構還可能不予核貸。

---

* 以台灣來說，根據財團法人金融聯合徵信中心說明，個人信用評分的分數介於 200 分～ 800 分之間，低於 400 分就算是信用不佳。

借款利率的高低，影響每月支出

為什麼借款利率的高低那麼重要？假設你打算買一間總價 30 萬美元的房子，頭期款通常是房價的兩成，所以你的自備款是 6 萬美元（300,000 × 20％），不足的 24 萬美元則向銀行貸款。假設你打算申請的是分三十年攤還、固定年利率 4％的房貸，那麼每個月應付的房貸費用約 1,150 美元。

如果你的信用評分很高，房貸年利率說不定可以調降到 3.5％（這些只是假設的數字，實際狀況因人而異），每個月就可省下約 70 美元，一年可省下 840 美元。把 840 美元乘以三十年（你的房貸年限），總金額大約是 2.5 萬美元。

由此可知，維持良好的信用評分很重要，可以讓你取得較優惠的房貸利率，減少每個月的支出。此外，個人信用評分與信用報告不同，如果把信用評分比擬成 GPA，信用報告就是你的在校成績單，全數列舉你尚未清償的所有卡債。

養成省錢心態

本章提供許多資訊，教你採取必要的省錢行動，存下六成至七成的年收入。如果你是週末一定要跟朋友聚餐，願意花 18 美元點杯雞尾酒的人，恐怕很難短時間轉變成省吃儉用的生活。但若你能從省錢中，獲得比花錢更多的「幸福」（因為每個人對幸福的定義不同，所以我特意加上引號），一旦心態改變，就能更快適應勤儉度日的生活。

　　我提出的練習方法是：將達成財務自由當成是比購買酷炫手機更有吸引力的事。我知道要你在開始省錢的第一天就具備這種心態，其實是強人所難。但我相信，當你看到生財金山從 1,000 元成長到 1 萬元，接著變成 5 萬元、10 萬元，最終超過 100 萬美元時，你會明白一雙昂貴新鞋的吸引力，遠遠比不上這筆龐大財富。

一年該存下多少錢？

　　本章通篇所說的 AI 稅，其實就是替你自己預存的退休金，這筆稅金高達收入的六成至七成。除了按照本章介紹的省錢妙招節流，你還能另闢財源增加收入！

　　假設你是全職上班族，薪水的一部分會被預扣繳稅。接下來，我要教你怎麼計算 AI 稅。

　　如果你每個月會分兩次拿到薪水（每兩週發薪一次）。

　　首先，加總這兩筆薪資淨額，也就是你的薪水總額扣除

稅金與保險費之後實際拿到的錢，通常全職員工實領的都是稅後工資。不過，從薪水預扣的金額並非全部上繳給政府或醫療保險公司，其中有一部分是撥入你個人的 401(k) 退休金計畫。雖然現在還不能動用，但這筆錢仍是你的（見第 7 章）。你可以將提撥至 401(k) 的錢，算入你每個月存下的錢，換言之，當你計算 AI 稅時，可以納入這筆錢。

接著，將 401(k) 退休計畫提撥金（在薪資明細中是獨立項目），以及雇主的相對提撥金，加回你的薪資淨額。雖然在薪資明細上可能看不到雇主的相對提撥金，但可以詢問人資部門，或是查看員工資料表上記載的雇主提撥百分比即可得知。這筆錢同樣不是現在就能動用，但還是可以納入你的 AI 稅裡。

下一步，扣除下列支出：

- 每個月的卡費（如果你是以信用卡支付所有開銷，大部分的消費明細應該都在這裡）
- 你的房租或房貸（不太可能用信用卡支付）
- 車貸或交通費
- 水電瓦斯費
- 網路與第四台費用
- 其他現金雜支

　　扣除前述支出金額，就是你每個月應當存下的錢，將這個數字乘以 12 個月，就是你一年該存下的錢。

　　沒有提撥至 401(k) 帳戶，也不是用來支付房租或其他開銷的錢，都應妥善運用而非放著積灰塵。後續我們將探討被動收入，如何讓你辛苦省下來的錢，滾出更多的錢。

為失業超前部署，預存退休金

- 為了盡快達到財務自由，你必須打造一座生財金山，方法就是存下大部分的收入。
- 在存下大部分的收入前，你必須了解自己的收支狀況，確實掌握你的開銷非常重要。
- 為了存下收入的六成，不論是大筆花費還是小額支出都要想辦法節省，例如減少住房支出（大錢），戒掉每天早上必買的拿鐵（小錢）。
- 個人信用評分是財務健全的要素之一，分數愈高就愈能獲得更優惠的房貸或車貸利率，幫你省下不少錢。

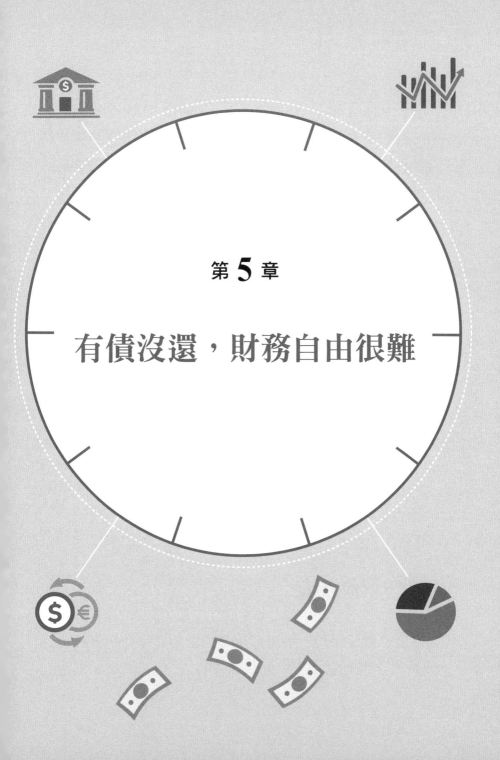

第 5 章

有債沒還，財務自由很難

一旦機器人取代我們的工作，不論是卡債、學貸還是房貸，恐怕是容不下任何債務。即使你的工作保住，但進步快速的科技卻壓低你的薪資水平，這時又該怎麼辦？

最重要的是，如果你每個月都要攤還利息很高的債務，如何奢談存下收入的六成，打造你的被動收入？與其每個月付給債主5％至20％的利息（房貸、學貸、卡債的利率，差不多就在這個範圍），不如投資股市或房產，賺到較高的投資報酬率。

如果你有債務問題，邁向財務自由的路途可能會很崎嶇，想在 AI 來襲前的十年安全大限，打造生財金山，恐怕很難。現在暫時拋開 AI 問題，只談債務：**你不該欠債**。無論未來機器人是否會取代工作，我相信所有人都認同欠債不利於我們的財務。除非你舉債是用來投資，例如購置房地產，就另當別論。

在接下來的內容，是減少債務的重要資訊。

擺脫卡奴的方法

對卡債族來說，了解信用卡問題相當重要。根據美國消費者金融保護局（Consumer Financial Protection Bureau,

CFPB）在 2019 年 8 月發布的信用卡報告中，提出的相關數據如下：[1]

- 截至 2018 年底，全美 2.55 億成年人中，66％的人擁有一張信用卡。
- 2018 年全年刷卡總額約 9,000 億美元，高於 2008 年金融危機時創下的 7,920 億美元。
- 截至 2018 年底，一般信用卡的平均刷卡金額為 5,700 美元，是自 2009 年中期（緊接在 2008 年金融危機之後）以來最高的金額。
- 2018 年一般信用卡的循環年利率為 20.3％。

美國人在 2018 年的刷卡總額，竟然比 2008 年經濟衰退前還高，顯示出以下幾種現象：

- 美國人對於經濟情勢極具信心，以至於花錢不手軟，儘管欠下卡債，卻自認為最終能還清。我的這番假設聽起來矛盾，既然你對自己的財務很有信心，為什麼還要欠債呢？很可能是過度享受生活，所以每個月都超支，欠下卡債。
- 若從悲觀的角度來看，金融危機已過去十年，雖然美

國人都有工作（失業率降到歷史低點），但薪水似乎不夠多，導致入不敷出。

- 我們要加強理財教育，讓大眾明白積欠卡債的危害與量入為出的重要性。

我不明白為什麼美國人的平均卡債居然高達數千美元，前述分析純屬我個人的臆測。無論你欠下的卡債是 5,000 元還是 5 萬元，獲得財務自由的前提，就是趕緊還清變成零卡債。在開始說明各種減債策略之前，我們先來弄清楚，為什麼經過一段時間之後，小卡債會滾雪球似地變成大卡債。

循環利息比消費金額高

卡債「欠不起」的原因之一，在於收取的循環信用利率很高。只要信用卡尚有未清償的欠款，就會開始計息。積欠卡債的可能因素如下：

- 你一毛錢也沒付，完全錯過繳款期限。倘若如此，不僅欠款要加計利息，還會收取一筆逾期還款違約金，就像前文提過的，金額有可能高達 35 美元。
- 你只付了最低應繳金額，而非全額繳清。前文也曾提

過，繳了最低應繳金額後，雖然可免付違約金，但剩
下沒繳的大筆欠款將會加計高額利息。

先探討只付最低應繳金額的情況。首先，根據美國財
政部金融管理局（Office of the Comptroller of the Currency,
OCC）發布的一份報告指出[2]，最低應繳金額通常為「應付
本金的 1%，加上財務費用與其他應付費用」。

假設你欠下 5,000 美元的卡債，循環利率 20%，為了便
於說明，我們再假設最低應繳金額是卡債總額的 1%，即 50
美元。利用 Bankrate[*]提供的計算機試算，[3]如果你一直只付
最低應繳金額，需要三十多年才能還清這筆債務，而且你付
給銀行的利息總額會超過 10 萬美元。

看到這個數字，是不是覺得很荒謬？為什麼 5,000 美元
的卡債最後會變成六位數？那是因為銀行收取的信用利率極
高（20%），再加上你每個月只付 50 美元的最低應繳金額
（一年才還 600 美元），形成舊債未清又添新債的狀況。關
於只付最低應繳金額的危害不勝枚舉，我相信你應該已經知
道嚴重性了。因此，善用信用卡的原則如下：

---

* Bankrate 是一家美國上市公司，匯集個人理財內容，向消費者提供線上客觀
  與及時的資訊服務。

1. 每個月的帳款都要**全額付清**。

2. 如果做不到，至少要付最低應繳金額，才不會被收違約金。

3. 每個月都盡力而為，哪怕多繳 10 美元都好，積少成多。

優先還卡債

我將在第 6 章與第 8 章分別討論股市和房地產投資。一般而言，不論是投資股市還是房地產，想要獲得 20％的年化報酬率，雖然辦得到，但難度頗高。

如果你積欠卡債，一年付的利率是 20％（有些甚至超過 20％）。剛好你手上有多餘的錢，正煩惱該拿去投資股票，還是先還清卡債的話，我建議還是優先還卡債吧！我就這麼解釋，除非你能買到一檔飆股，讓你一年賺到 20％以上的報酬，否則仔細想想，一年付給信用卡公司 20％的卡債利息，不就像借給你的錢賺到 20％的年化報酬率嗎？所以拿錢投資年化報酬率只有 10％的指數型基金，卻付 20％的卡債利息給信用卡公司，完全是本末倒置的作法。

多張信用卡的償債順序

如果你欠的卡債不只一張，該優先清償哪張卡呢？專家的看法並不一致。我認為，你不妨從卡債利率最高的開始還起，這麼做很合理吧！因為它有可能從你這裡「坑走」最多錢，畢竟利率愈高，每個月應付的利息就愈多，利率高低也直接影響每個月的應付帳款。

在盡力還清這筆卡債的同時，也別忘了其他張信用卡仍需支付最低應繳金額，以免又因逾期而被罰違約金。等還清利率最高的卡債後，接著就來清償利率次高的卡債，待利率次高的卡債結清後，緊接著清償利率第三高的卡債，希望你的卡債就到此為止！

你也可以採取另一種做法，先把欠款最少的卡債還完，就算它是利率最低的一張卡也無妨。這是從心理層面幫自己加油打氣，比起 5,000 美元的卡債，1,000 美元的肯定比較容易些，而且心態上所產生的激勵作用，還能幫你努力償還其餘 5,000 美元的卡債。從數學的角度來看，這種做法可能有點不划算，但如果能帶給你解決卡債的勇氣和力量，就值得了！

其實終極目標是還清卡債，所以先還利率最高，還是金額最小的那一筆，差別可能沒那麼大，因為利率可能很相近。不過我要提醒你，即便年利率皆為 20%，但 5,000 美元的卡債利息，肯定比 1,000 美元多，卡債金額愈高，要付的利息也就愈高。

對大多數人而言，擺脫卡債絕非易事，可能要花好幾年才能還清。你愈快還完錢，就愈早無債一身輕，愈快擺脫債務，就愈能存下更多錢去投資，並盡快返回通往財務自由的軌道上。**擺脫卡債讓你更容易達成存下六成收入的目標。**

整合卡債的信用卡餘額代償

我花了不少時間討論信用卡循環利率，會對你的無債人生造成多麼嚴重的阻礙。有什麼方法能把你的卡債利率一口氣降到零呢？還真的有！

你必須申辦一張全新的信用卡 —— 餘額代償信用卡[*]，把舊卡的欠款全數轉移到新卡。在餘額代償信用卡的推廣期間，通常會提供開卡後 12 個月至 18 個月的免息優惠。雖然不是永遠零利率，但至少這段期間的卡債不會變多，有段喘息的時間，但前提是你沒有新增其他消費。

說到新增消費，請注意餘額代償信用卡的零利率，通常僅限於舊卡債。假設你用這張新卡買機票，又逾期未清償這筆新增消費，這筆錢就會採用一般的高利率（非零利率）計

---

[*] 餘額代償信用卡，即是以較低的利率，代為償還原來在其他發卡機構的信用卡帳款。

息。所以如果你還有許多卡債未還，就儘量減少不必要的花費。

還有件事要提醒，有些餘額代償信用卡會酌收一筆債務移轉的費用，可能達到該筆卡債的 3％，因此可先上網搜尋不收移轉費的信用卡資訊後再申請。

最後，申請餘額代償信用卡並非來者不拒，而是跟辦理其他信用卡一樣，必須通過發卡銀行的審核程序才行。

別讓學貸害你輸在理財起跑點

學貸問題可能比卡債更棘手。請看學貸的相關數據：紐約聯邦儲備銀行（Federal Reserve Bank of New York）在 2019 年 8 月公布的一份報告中指出，[4] 截至 2019 年第二季，全美學貸總額達到 1.48 兆美元，這是十分驚人的數字。如果你有學貸要還，恐怕很難存下收入的六成。

雖然背負著龐大學貸，卻不代還不完。如果你申請學貸是為了接受更高等的教育（例如攻讀研究所、念法學院或醫學院），畢業後將很有機會進入高薪行業或產業。

美國聯準會（Fed）的一份報告指出，[5] 以 2018 年來說，學貸金額介於 1 萬美元與 2.5 萬美元之間的人，有 22％拖欠

債務；但是學貸金額超過 10 萬美元的人，卻只有 16％拖欠債務。希望這些數據能提振你的信心，特別是那些背負了高額學貸的人！

學貸問題比卡債更為複雜，因為美國的學貸種類很多：包括政府學貸（分成數種）、私人機構（例如銀行）提供的學貸，每種學貸的還款條件和規定也截然不同。

現在讓我們面對現實：大家都想存下六成以上的年收入，盡早獲得財務自由，但成功的前提是財務體質必須健康零負債。否則會因為欠債讓你的財務成為負數，使你一開始就輸在起跑點上！

財務自由的首當要務就是還清負債。請認真思考：你能在還債的同時，還存下大部分的收入嗎？答案要看你追求財務自由的意志有多堅定。問問自己：為了達到財務自由，你願意做出多大犧牲？我們就卯足全力來討論此問題吧！

償還學貸的第一步

財務觀念的話題先到此為止，趕緊來了解如何償還學貸，這個關鍵在於先弄清楚你的財務狀況。第 4 章曾提過，你必須如實記錄日常開銷，充分掌握每個月的消費狀況。試想如果你連每個月的金錢流向都不清楚，要如何存錢？

　　美國大部分的學貸可能來自政府提供的 Direct PLUS 貸款*方案，說不定還有一部分是向銀行相關的民間金融機構借款。如果我問你每一筆學貸的利率各是多少，你答得出來嗎？每一筆學貸的金額呢？如果前述這些跟學貸有關的問題你都不確定，必須立刻釐清你的財務狀況。

　　你可以使用電腦或紙筆做份試算表，花幾分鐘把每筆學貸的主要細節寫下來，包括：

- 放款機構的名稱（你每個月把錢還給誰？）
- 貸款金額
- 每月應攤還金額
- 利率／總費用年百分率**
- 到期日

　　接下來，加總每筆貸款的金額，雖然對實際還款的意義不大，但卻對心理層面很重要；你必須先弄清楚學貸總額，才能擬定務實的償還步驟。

---

* Direct PLUS 貸款（Direct PLUS Loans）是指聯邦貸款，研究生、專業學生或受撫養本科生的父母，可以申請幫助支付大學或職業學校的費用。

** 總費用年百分率（Annual Percentage Rate, APR）是加總多階段利率、手續費、帳務管理費、開辦費等各項成本，再推算回來每年的實質利率，是貸款方案的總成本利率。

向政府借的學貸

政府提供的學貸有很多種，研究所以下的學貸，多半來自前述的 Direct PLUS 貸款方案，美國父母會向教育部申請這類學貸，支付孩子的學費。[6]*

不論你是申辦這類學貸的家長，還是你的父母曾辦過，都請注意：凡是申辦此類學貸及其他多種官方學貸的貸款者，會被自動加入所謂的標準還款方案，細節如下：[7]

- 這是一項為期十年的方案，意思是貸款者必須在十年內還清學貸。相較於房貸的還款期限，學貸比較短（房貸的還款期限足足有三十年，大家都是透過這個方法購屋，計畫花三十年的時間慢慢攤還）。由於學貸的還款年數較短，所以每個月攤還的金額會有點高。不過好消息是，因為你只付十年的利息，就能省下一些錢，要是學貸的還款期延長為二十年，你就要多付十年的利息，加總起來費用可觀！

如果某些原因導致你付不起每月的攤還金額，你可以連

---

* 台灣就學貸款利息依據家庭年所得有所不同，低於 114 萬元，政府全額補助；114 萬～ 120 萬元，政府半額補貼；大於 120 萬元，利息由學生全額負擔。

絡放款單位，要求換成期限較長的還款方案：[8]

- 新方案的還款期限可延長至二十五年，足足比標準方案多出 1.5 倍。
- 每月攤還金額降低，但最終會付出更多利息。

從財務的觀點來看，延期還款方案似乎不划算，因為你要支付二十五年的利息，而非原本的十年。但正因為還款年限拉長一倍多，減少了每個月的還款金額，這有什麼好處呢？你可別因為手頭寬裕就想出國玩，應該要把多餘的錢拿去投資，用錢滾出更多錢。

2019 年至 2020 年 Direct PLUS 貸款方案的利率是 7.08％，而且還款期間都是維持固定利率。[9]既然學貸利率夠低，那麼轉換成還款期二十五年的方案，降低每個月的攤還金額，將多餘的錢拿去投資，似乎是合理的做法。要是某個指數型基金未來二十五年的平均年化報酬率都有 10％（這只是舉例），顯然高於學貸的 7.08％。

這畢竟只是假設，雖然你能確定學貸利率會維持 7.08％，但你怎麼能保證指數型基金每年一定會有 10％的獲利。或許某幾年的獲利的確高於 10％，但其他幾年的獲利很可能低於 10％。想要確保 10％的平均年獲利，你必須持

續投資這支指數型基金，要是太早脫手基金持份，有可能前功盡棄。

我們之前提過，無債一身輕，所以應該盡快還清學貸。若從這個角度來看，申辦學貸時選擇標準還款方案，並盡快還清會更為理想。但是如果你想魚與熊掌兼得（還學貸與投資錢滾錢同步進行），就要仔細比較各個還款方案的利率，試算哪個對你最有利。我們將在第 6 章討論更多關於投資股市的議題。

企業幫忙還學貸

你知道有些企業會幫忙員工還學貸嗎？普華永道會計師事務所在數年前提出一項計畫，每年最多會付 1,200 美元，時間最長六年，幫員工還學貸。[10] 各位不妨上網搜尋一下，還有哪些企業提供類似的福利。

這對背負學貸的人來說，就像天上掉下來的禮物。我會提起此事，是因為很多人並不知道，雇主除了會相對提撥給員工 401(k) 退休金計畫，還有這種福利。所以到職第一天拿到的公司相關文件，可別隨手塞到檔案夾或是扔進垃圾桶，應仔細閱讀內容，以免錯過公司福利。

倘若你很幸運錄取兩個以上的工作機會，甚至兩家給的年薪一樣，就要仔細比較福利，其中一家如果有幫忙償還學貸，不妨認真考慮是否選擇該企業，幫助你更妥善規畫你的財務與職涯發展。

房貸是財務自由的絆腳石

房貸是阻礙你獲得財務自由的另一大絆腳石。根據紐約聯邦儲備銀行公布的報告顯示，截至 2019 年第二季為止，全美的房貸總額超過 9.4 兆美元。[11]

有房貸未必是壞事，因為沒房貸的人，很可能每個月要付房租給房東，有時某些地區的房貸比房租還便宜。住在紐約這種大都市，租屋的確可能比買房省錢，因為這裡的人多半是住公寓或大樓中的一戶，而不是獨棟私宅。但不論是擁有哪一種房產，都必須支付財產稅*，租屋者雖然不必支付，但管理費則由雙方約定，內含在房租或是由房客另行繳交。

第 8 章會深入探討買房與租房的優缺點，以及如何透過投資房地產達到財務自由，在此只會先討論如何償還房貸的

---

* 財產稅（property tax）是以法人和自然人擁有並能支配的財產，所徵收的一種稅收項目，課稅對象分為不動產和動產。以台灣屋主來說，是支付房屋稅與地價稅。

內容。

假設你在幾年前買了一間房子，現在才聽說財務自由的行動方式，要如何付清房貸？該盡快付清嗎？這些重要問題很難用一本書交待清楚。

不論是房貸、卡債或學貸，還清債務請把握一項原則：把錢還給債主！還債需要有錢，你要如何生出更多錢來還債呢？請看本書的一道重要算式：

收入 - 支出＝個人收益

由此可知，想要擠出更多錢來還房貸，除非你設法開闢財源、多賺點錢，不然就只能減少花費硬省出一些錢。如果每年都能多拿出一些錢還房貸，或許能提前幾年還清，省下不少利息，讓你無債一身輕。

一旦還清房貸，你便真正擁有這間房子，以後只需擔心財產稅、維修費與保險費。反之，你不打算提前還清房貸，說不定也是可行的。

首先，你付的房貸利息，有一部分可以從所得稅中扣除，讓你少繳點稅。其次，如果你的房貸利率不高，譬如低於5％，就沒必要急著還清房貸，可以把多餘的錢拿去投資。

如前所述，要是一支指數型基金每年能給你10％的投資報酬率，累積數十年下來，你的房貸跟股票的投資報酬相比，根本是小巫見大巫。**這就是所謂的「機會成本」：如果我拿這筆錢去投資，會錯失哪些機會？如果我拿這筆錢去還房貸，又會錯失哪些致富機會呢？**

根據美國房地美公司（Freddie Mac）公布的數據顯示，2019 年 10 月（本文撰寫期間）的三十年期固定房貸利率平均為 3.69％，較去年同期下降了 1％ 以上。[12] 既然房貸利率這麼低，根本沒必要急著還清，因為利率低，利息就會減少，對吧？

轉貸降低利率

若想利用這波優惠，進一步轉換至利率更低的房貸方案。你當然要先算清楚轉貸後，每個月可以省下多少錢，確認是否值得費這番工夫。雖然轉換房貸方案必須支付一筆一次性的過戶結算費 *，但靠著每個月省下來的房貸金額，這筆費用很快就能「回本」，值得一試。

假設你有一筆 20 萬美元，分三十年償還的房貸，固定

---

* 過戶結算費（closing costs）是在結算房產交易時，所支付的貸款機構和第三方費用，可納入貸款，也可提前預付，費率範圍是成交價格的 2% 至 5%。台灣過戶費用，大約為 1.2 萬元。

年利率是 5 ％，每個月應攤還的本金加利息約為 1,075 美元。如果你轉貸至固定年利率 3.7％的新方案，每個月攤還的本金加利息大約可省下 150 美元（僅為估算值），一年即可省下 1,800 美元。即便過戶結算費要數千美元，但是新的月付額減少了，這筆轉貸成本只需一、兩年就能「回本」。因此，**轉換至利率更優惠的房貸方案，可確保你在還款期間省下更多利息**，除了能降低每個月的攤還款，還能拿多出更多錢去投資或償還其他債務。

有債沒還，財務自由很難

存下六成的收入真的不容易，如果還要還債就更難辦到了，所以你要盡力遠離債務。

- 了解你的卡債、房貸與學貸的總負債。
- 欠債就要付利息，你要努力湊錢還債，壓低債務的利息。

第 **6** 章

省錢存錢還不夠，
靠股市用錢滾錢

了解股票市場如何運作很重要。股市聽起來風險很高，也確實如此！美國投資網站 Investopedia 曾在 2019 年公布一項調查，[1] 受訪者被問到會用哪些負面詞語形容股市時，他們的回答包括：**充滿風險、令人害怕、難以對抗**。

想不到這些感想居然出自家境小康的千禧世代之口，他們的平均家戶所得約 13.2 萬美元。看來就連收入較高的千禧世代也對投資敬畏三分。

害怕股市其實很正常，畢竟賠錢怎麼辦？我絕不會勉強你做不喜歡的事，包括投資股票。本書並非替股市打廣告，只是想提供相關資訊，讓你有能力權衡投資的風險與報酬，做出正確決定。

我要提醒你，存錢投資事不宜遲，若一直猶豫不決，很可能坐失可觀的報酬，不信的話我算給你看。在此就不用 60％ 的超高儲蓄率，而是以比較務實的 10％ 儲蓄率來試算。

假設你是剛從大學畢業的 22 歲社會新鮮人，很幸運也找到一份年薪 5 萬美元的工作。如果你能每年存下 10％ 的收入，即 5,000 美元，投資在年化報酬率 8％ 的共同基金[*]，四十三年後，當你年滿 65 歲時，就會大約有 170 萬美元。

---

* 共同基金（Mutual Fund）是集合一群人的資金，由專業經理人與研究團隊集中管理投資，創造較好的投資報酬，是隨時都能申購與贖回的基金類型。

這個數字是假設你每年的投資金額維持 5,000 美元算出來的（你肯定不希望自己的薪水在 32 歲或 42 歲時，還跟 22 歲一樣低吧）。

當你的薪水隨著年資調高時，即便你的儲蓄率仍只有收入的 10%（如果這部分能調高就更棒了），每年應該能存下更多的錢。如果十年後，你的年薪調高到 10 萬美元，每年就可存下 1 萬美元，已經是剛入社會時的兩倍了。

我們回頭檢視每年存下 5,000 美元的範例：假設你耽擱了十年，拖到 32 歲才開始每年投資 5,000 美元，即便年化報酬率仍有 8%，但到了 65 歲，資產卻只有 70 萬美元。你看到兩者間的差異了嗎？只不過晚了十年，足足讓你損失了 100 萬美元！雖然每年存的錢一樣（5,000 美元），但空等十年不行動的結果，竟讓你在 65 歲的資產只有 22 歲開始存錢的一半。

這個例子充分說明時間對於投資的重要性，儘管年輕時的你賺錢不夠多，但關鍵在於時間，所以當你將嫌錢少做為不投資的藉口時，請想想兩者間的差異。

再來讓我們探討時間與投資的關係。就拿前述兩個例子來說，從 22 歲或 32 歲才開始投資，其中既有相似也有相異處。兩者都是每年存下 5,000 美元，但最後的結果卻天差地別，勝利的一方要歸功於多了十年時間的加持。

　　這道算式包含三個要素：時間、金錢與報酬。如果你很擔心自己有可能因為 AI 或其他原因而失業，恐怕不會有四十年這麼長的時間可以存退休金，情況顯然對你不利，是吧？

　　所以，從這兩個例子讓我們見識到，是時間讓複利發揮威力。既然如此，你要如何在短期內，例如十年或十五年（而非四十年），就存下足夠的退休金呢？你必須大幅提高每年的投資金額，不能只存下收入的 10％，要存下 60％以上才夠。

　　第三個要素是年化報酬率。如果你每年能從股市獲得 30％的投資報酬率就能逆轉勝。在資金不多且時間縮短的條件下，只能寄望較高的投資報酬率。話說回來，要是你投資股票的眼光很精準，根本就不需要看這本書了！

　　我知道你可能會質疑本章所舉的範例，都是教大家花三十年或四十年的時間來存退休金，似乎跟我先前極力主張快速達到財務自由的說法自相矛盾。我會催促大家趕快儲蓄，是考量到科技與 AI 快速崛起，恐怕不會有三、四十年這麼充裕的時間慢慢存退休金，必須趕在十年或十五年內搞定此事。

　　因此，本章範例是為了**凸顯時間對投資的重要性**。此時此刻，比起擔心機器人會不會（或是在何時）取代你的工

作，明白「投資事不宜遲」的道理更為重要。你無法控制
AI 的進步會讓你失去還是保住工作，但你能控制自己要存
多少錢、花多少錢，還有何時開始投資。看完後續的內容，
你就能決定是否要投資股票。

股票的獲利比定存好

我在前文提過投資報酬的概念，如果你投資共同基金，
有可能獲得 8％的年化報酬率。這是什麼意思？即共同基金
每年會成長 8％的價值。但這只是我們拿來當做範例說明的
數字，不保證實際情況一定如此。但我也不是信口胡謅，這
個數字與美股大盤歷年來的年化報酬率頗為接近，至於什麼
是大盤，稍後會詳細討論。

現在先來說明一些基本概念。雖然你可能早就聽過股票
與股市這兩個名詞，但我還是簡單說明：

股票代表你擁有某家公司一個基本單位的所有權，因此
人人都能持有可口可樂（Coca-Cola）、蘋果（Apple）或亞
馬遜等知名企業的一些股份。但很多上市公司市值高達數千
億，甚至數兆美元，如果你只買了數十股或數百股，應該不
會覺得自己「擁有」這些企業，要想體會「擁有者」的心

情，恐怕得花上數十億美元才夠！

透過投資股票，代表你看好企業將會持續創新 —— 美國與全球經濟將繼續成長，你認為他們會不斷推出令人驚豔的產品與服務，吸引大眾與其他公司爭相購買。以家得寶公司（Home Depot）[*]舉例，該公司在 1990 年代的股價大約是每股 2 至 3 美元；[2] 但三十年後，2020 年的股價漲到一股 232 美元了，[3] 三十年來的漲幅大約是 11,600％，令人嘆為觀止！

雖然這類成功案例不勝枚舉，但表現不佳的企業也不在少數，如果你不幸買到爛股票被套牢該怎麼辦？這是很有可能的。關於個股的話題就此打住，先來看看美國股市整體的歷史表現，「標準普爾 500 指數」（以下簡稱「標普 500 指數」）[**] 正是用來追蹤美股行情的標竿指數之一。

股神巴菲特（Warren Buffett）是波克夏海瑟威公司（Berkshire Hathaway）的執行長，他在 2018 年的致股東信中表示，自 1965 年至 2018 年間，標普 500 指數的年複合成長率[†]為 9.7％。[4] 從 1965 年起，標普 500 指數的年化報酬

---

[*] 家得寶公司（Home Depot）是美國規模最大的家庭裝飾品與建材零售商。
[**] 標準普爾 500 指數（S&P 500）亦稱「史坦普 500」、「標普 500」，由在美國證券交易所上市的 500 家最大公司組成，採用市值加權方法進行計算，是最多投資人參考的指數。
[†] 年複合成長率可代表該產業的成長性，是喜歡投資成長股的人最常看的指標，可在網路上搜尋到計算工具。

率將近 10％，表現很不錯，比起這幾年把錢定存在銀行裡的收益更好。

之前我所舉的範例，都是以 8％的年化報酬率來估算長期投資的可能收益，雖然明顯低於標普 500 指數的 9.7％，但我認為 8％是相對穩當的財務預估。

我必須提醒你，股市在過去數十年的優異績效，不代表未來數十年也會給你這麼好的投資報酬率。無人能保證股市在明天、下週或未來十年的表現，所以本書把年化報酬率訂在略低於大盤的 8％，為股市可能出現疲軟不振的表現，預留迴旋的空間。

低買高賣賺價差

透過股票賺錢的方法有好幾種，首先是股價上漲，這很好理解：如果你以每股 30 美元的價格買進股票，十年後以每股 100 美元的價格賣掉，那麼你每一股就賺進 70 美元（100 - 30）；如果你一共買了 100 股，你的獲利就是 7,000 美元（70 × 100）。請記住，這筆獲利只有在你賣掉股票時才算真正的入袋為安，否則只是未實現獲利的紙上富貴。也就是你登入線上的證券帳戶時，仍會顯示這 7,000 美元的獲利，但你必須賣掉股票，等股款入帳後，才算真正擁有這筆

錢。由於股價波動極大，很可能你一週後再登入，獲利就從
7,000 美元變成 6,000 美元；如果股價在短期內重挫，帳面
上的 7,000 美元很可能消失。

但長期投資不會動輒賣出股票，而是持有達數十年之
久。這就是為什麼本書大都以長期投資為例。市場上仍有很
多人（其中不乏股市大戶）喜歡短線交易，有時短到小時、
分鐘或數秒。他們會在早上 10:00 買進股票，經過數小時後
（甚至更快），以更高的價格賣出。當然也會有看走眼，不
得不認賠殺出的時候！本書提及的所有股市資訊皆與交易無
關，有興趣炒短線的人，請自行購買相關書籍參考。

股票波動性本來就高，但不表示股價一定會下跌，而是
變化很大又快速。我建議你先上網搜尋自己心儀的股票，過
去一年或十年的價格走勢圖。你可能感覺一年走勢圖會有數
次上下起伏，看起來很像雲霄飛車的波動；但拉長十年來看
就會比較和緩，而且該股票說不定還出現幾次股價攀高的喜
訊。關於變化多端的股市資訊還有很多，請繼續看下去。

當股東領股利

股票還有另一個非常棒的賺錢方式，就是領取股利。當
一家公司賺了錢，他們會把錢分給擁有股票的人。無論股價

上揚還是下跌都能領取，只要公司不砍股利（他們有權這麼做），你就能領到該股票或基金的報酬，是不是很棒？

舉例來說，假設你開了一間披薩店，當你支出所有的營業費用，例如房租、員工薪資、買番茄醬和披薩餅皮的錢之後，還剩下 5 萬美元，這筆錢就歸你所有，因為你是這間披薩店唯一的擁有者。披薩店的例子可能過分簡化，但純粹是讓你更理解股利的概念。上市公司因為會有許多股東，所以公司會拿出一部分盈利分給股東當做股利。

投資上市公司的人，擁有的股票愈多，分到的股利也愈多，因為股利是按股數分發的。想知道你的股票能領到多少股利，只要上網打出公司名稱與股利這些關鍵字，立刻就能得知，通常股利的資訊會放在公司官網的投資人頁面。華爾街（Wall Street）會用殖利率*一詞來形容股利，當你看到某公司股票的每年殖利率是 5％，其實就是指它的股利。

以可口可樂為例，根據官網的投資人頁面可知，只要購買該公司的股票，一季每一股即可收到 0.4 美元的配息。[5]試想你若買了 100 股或 1,000 股或 1 萬股，無論股價漲跌，你都會拿到相應的股利，真的是買到賺到，很棒吧？但別忘了，公司還是有權隨時調整股利。

---

* 殖利率（Dividend yield）是將每股股息（現金股利）÷ 每股股價。

企業沒有發放股利的義務。有些高成長企業的配息不多，因為他們更想把盈餘投入營運，讓公司持續成長；但有些公司會用股利吸引投資人，這是利用持有股票就能拿到股利的心理，誰會不樂意呢？

股利也是按百分比計算的，殖利率達到 3％至 5％就算是高股息的股票，有些甚至更高，例如 7％。

你或許會想：**購買殖利率最高的股票就好了**。但在企業營運不佳時，他們有可能調降殖利率。例如，某檔股票的殖利率是 9％，要是不巧遇上一、兩年業務不振，公司可以一口氣調降好幾個百分比。或者要是整體經濟情勢開始惡化或衰退，公司需要資金度過難關時，就只能調降股利了。

就像之前說過的，殖利率較高的股票，股價漲幅未必令人驚豔。要記住想憑股票賺錢就是股價上漲，如果你以每股 100 美元買進的股票，十年後只漲到 125 美元，這樣的表現跟其他漲幅更高的股票相比，顯得黯然失色。

通常配發較高股利的公司，有可能是成長慢的老字號企業，所以股價長年持穩不見飆漲。反之，那些名聲響亮的大型科技公司，股價通常是快速上揚，而且他們想把盈利繼續投入公司的營運，所以不願配發股利或配息不多。投資人要自行判斷，若你能接受緩慢但穩定的投資報酬，那麼高股息的股票會是不錯的選擇。或者你不在乎有沒有配息，能承擔風險有點高，股價漲幅大的股票。簡言之，股利並非投資股票的唯一賺錢方式。

該如何判斷股利的高低？我剛才約略提過相關標準，現在要從另一個角度來探討。就以稍後即將介紹的指數型基金來說，市場上有很多檔追蹤標普 500 大企業表現的基金可供投資，其中一檔是「SPDR 標普 500 指數 ETF」（SPDR S&P 500 Exchange Traded Fund Trust，交易代號 SPY），在 2019 年 11 月 21 日的股利殖利率是 1.9%，[6] 這能讓你大致了解整體市場的股利殖利率水平。你若不是經驗老道的股市行家，ETF 反倒更有利，這樣就不必煩惱股票殖利率的高低。

除非你真的對投資有高度興趣，而且想投資個股，這個資訊就相對重要，因為你可以拿想投資個股的現金殖利率，跟前述的 SPY 數字相比。我要再次強調，**「相對性」是投資的要義，只有你在決定投資標的之前，才有必要比較兩個股利殖利率的高低。**

許多投資人相當在意股利，這很合理。2018 年波克夏海瑟威公司的致股東信裡，提到該公司坐收高達 38 億美元的股利，該公司持股比例最高的幾家企業如下：[7]

- 美國運通（American Express）
- 蘋東公司（Apple）

- 美國銀行（Bank of America）
- 可口可樂（Coca-Cola）
- 富國銀行（Wells Fargo）

　　這五家都是赫赫有名的公司，他們付給波克夏海瑟威的股利高達 29.66 億美元，幾乎占了八成，[8] 厲害吧！

　　股利還有一個重點：**投資股票或基金時，你可以選擇將「股利再投資」。**

　　假設你每一季可以從可口可樂領到 25 美元的股利，因為你選擇「股利再投資」帳戶，系統就會自動幫你買進更多可口可樂的股票，而非將 25 美元的現金歸戶。經過一段時間後，這些股利會幫你存下更多股票；當你擁有的股數愈多，分到的股利也就愈多，股價上漲時，你的獲利也會更多。股利再投資等於免費獲得股票，一段時間之後，你就會見識到這驚人的滾雪球效應（snowball effect）*。

　　或許有人會想：為什麼我不直接領取現金股利，犒賞自己出國呢？因為時機未到！現在的當務之急是打造一座生財金山，不是出國度假。你需要傾注全力幫你達成目標，例如

---

* 出自巴菲特的名言：「人生就像滾雪球，重要的是找到很溼的雪和很長的坡。」一旦獲得起始的優勢，雪球就會愈滾愈大，優勢也會愈加明顯。

靠正職和兼差多賺點錢，儘量壓低生活開銷。你什麼事都不必做，股利再投資就會默默助你一臂之力。

你拚命存錢，終於在多年後存下一、兩百萬美元，打算靠這些錢生利息過日子時，才可以停止股利再投資，因為股利已經成為你生活開銷的部分來源。所以，等你存夠錢時再來煩惱股利該如何使用，現在先專心打造你的生財金山。

連股神都大推的指數型基金

截至目前為止，我已經數度提及指數型基金一詞，這究竟是什麼？簡單說，投資指數型基金形同投資整個股市，而非個別投資蘋果（Apple）、微軟（Microsoft）或臉書（Facebook）的股票。雖然說投資整個股市是有點誇張，但其實是投資追蹤標普 500 指數的低成本基金。

根據標普全球股份有限公司（S&P Global Inc.，也就是選出標普 500 指數的公司）旗下的標普道瓊指數有限公司（S&P Dow Jones Indices）指出，[9] 網羅大約 500 家公司的標普 500 指數：「被公認是評量美國大型股的最佳工具」。

當你打開電視、看報紙或網路新聞時，一定會看到當天標普 500 指數的漲跌。由於美國股市的個股數量龐大，透過

標普 500 指數，會比較容易了解美股的整體狀況。

你可還記得，先前我曾提過股價波動很大？既然現在已經明白標普 500 指數是什麼，我們就一起來看看它過去十年的表現。

大家應該對 2008 年的金融海嘯還記憶猶新，說不定有你認識的人（搞不好就是你本人），在當時失去了房子或工作。股市當然也沒能逃過一劫，出現重挫，當時的情況真的很可怕。美國聯邦政府（Federal Government of the United States）不得不介入，讓幾家最具代表性的銀行繼續營運下去。

當時是 2008 年的秋季，將時間快轉到 2009 年 3 月，標普 500 指數收在 696 點，創下 1996 年以來的新低。[10] 但把時間快轉到 2020 年 1 月，你知道標普 500 指數變成多少嗎？竟然超過 3,300 點，[11] 漲幅高達 390％。

另一個常見的指數是道瓊工業指數（Dow Jones Industrial Average Index），[12] 追蹤的是 30 支美國藍籌股*，包括蘋果公司、艾克森－美孚石油公司（Exxon-Mobil）與高盛。追蹤這兩大指數的指數型基金很多，不妨可以投資。

當你聽到指數型基金時，指的就是追蹤某個指數之績效的基金，例如標普 500 指數或道瓊工業指數。如果標普 500

---

* 藍籌股（Blue chip）又稱績優股、權值股，是指擁有較高商譽、財務穩定且扎根產業多年的知名公司股票。

指數在一年內上漲 10％，你剛好投資了一檔追蹤標普 500 指數的基金，由於它的目標就是複製標普 500 指數的績效，那麼這檔基金很可能也會上漲 10％。

你該如何知道自己是否適合投資指數型基金？請看以下特性：

1. **指數型基金會幫你做功課**，不必花大把時間研究蘋果或臉書的財報來評比究竟哪支股票更值得投資。你只需要確認這檔基金持有哪些股票，通常在官網上能查到這些資訊。請注意，如果投資一檔追蹤標普 500 指數的基金，你是不能決定它要投資哪些個股。但別忘了，標普 500 指數是被公認最能反映整個股市表現的參考指標。

2. **指數型基金能確保投資多樣化**。追蹤標普 500 指數的基金，持股涵蓋五百多種不同個股，即便某幾支個股突然重挫也無妨，因為很可能其他個股飆漲，平衡了基金的整體表現。

3. **這幾種指數歷年來的表現都相當亮眼**。請看巴菲特在波克夏海瑟威公司 2016 年的致股東信中指出 [13]：「在二十世紀的這一百年間，道瓊工業指數從 66 點

上漲到 11,497 點，這高達 17,320％的資本利得 *，是由
穩定增加的股利所推升的。」你看，股利又被提及
了，可見它的重要性。

4. **指數型基金的手續費多半很低廉，有時還低於 1％，**
甚至不收費。 長期下來能為你省下不少錢，否則手續
費也會侵蝕掉你一部分的投資報酬。

股神巴菲特是如何看待指數型基金的呢？他的名字會一
直出現在本書，是因為巴菲特持續在全球富豪排行榜上名列
前茅，根據《富比士》雜誌報導，他的淨資產高達 830 億
美元。[14]

以下這段內容，同樣摘錄自巴菲特在 2016 年寫給波克
夏海瑟威公司股東的信：「我一如往常地推薦費用低廉的標
普 500 指數 ETF。」[15]

我絕不是在替指數型基金打廣告，只是概略陳述當前的
股市投資樣貌，而且過去數十年來，指數型基金一直廣受媒
體的重視。

至於投資指數型基金的缺點：投資人有可能錯失買到某

---

* 資本利得（capital gains）是投資的專業術語，也就是低買高賣來賺取價差的
一種投資方式。

些飆股而大賺一筆的機會。股市裡有很多知名企業的股價，一年狂漲 50％到 100％，這很難在指數型基金裡展現出來！

要靠投資個股賺錢並不容易，你必須了解你的投資標的，雖然會挑中飆股，也很可能誤買賠錢貨，一年內股價大跌 50％、100％的股票不在少數。若是投資指數型基金，就不必花費心思挑選個股，而享有接近大盤的獲利。

影響股價漲跌的因素

如果你曾經在股票交易日（美股的交易時間是平日的美東時間上午 9:30 開盤，下午 4:30 收盤）*上網搜尋某支股票的交易圖表，你會發現股票的價格可能每分每秒都在變化，早盤的股價可能高於、低於或等於收盤時的價格。

股票就是所謂的「流動資產」，你可以在幾分鐘內賣掉股票。至於其他資產，例如房子，往往需要數週或數月才能脫手，所以稱為「非流動資產」。正因為股票很容易買進與賣出，所以股價才會如此頻繁且快速變動。

---

* 台股交易時間如下：現貨交易為上午 8:30～下午 1:30。盤中零股為上午 9:00～下午 1:30。盤後交易為下午 2:00～下午 2:30。盤後零股為下午 1:40～下午 2:30。

供給和需求與股價息息相關，每檔股票的股數有限，要是想買的人多於想賣的人，股價就會上漲。為什麼投資人會想買 A 股票而非 B 股票呢？有可能是因為他更看好 A 公司的長期發展，這是什麼意思？上市公司每季（一年共四次）都要公布財務報表，這樣投資大眾就能知道該公司的財務狀況。企業的財報能解答以下問題：

- 公司的獲利有多少？
- 公司的營收是多少？
- 與去年同期相比，公司的營收與獲利成長多少？（這點很重要，投資人都喜歡看到獲利成長，但光看絕對數是不夠的。如果某公司本季的營收達到 100 億美元，乍看之下似乎很亮眼，但如果去年同期的營收是 120 億美元，投資人可就不樂觀了。因為與去年相比，本季的營收減少 16.7％。投資人會開始臆測公司是否出問題，否則為什麼本季營收衰退？是因為購買該產品或服務的消費者、企業減少了嗎？投資人都希望前述三個項目的數字與去年同期相比是成長的。）
- 公司本季賣出多少產品？
- 公司預期來年的營收和獲利各是多少？（這部分通常稱作「業績指引」[*]）

- 公司會調高還是調降股利？

在公司的官網可以查到財報資訊，財經媒體通常也會大肆報導。仔細閱讀你心儀企業的財報是件好事，即使你不打算購買個股（你已決定投資指數型基金），熟悉這方面的資訊還是很重要。剛開始閱讀財報可能會有些吃力，但習慣這些術語後就能看懂門道。

一家公司的財報優劣，會大幅影響它短期內的股價漲跌，有可能在財報公布後的數小時、數天、數週，甚至有時會一連好幾個月，造成股價下跌。看到股票價格下跌，其實內心還蠻煎熬的。但如果你是長線投資人，就不必太在意股價的短期波動，或許十年後你還想不起該公司這季的財報表現不佳，不過前提是十年後公司還在！

華爾街又是如何評斷財報表現的強弱呢？華爾街的分析師通常受雇於知名的大型投資銀行，他們的工作就是撰寫企業每季的預估營收與獲利報告，一檔股票有時會有數十位分析師提出預測報告，如果該公司的財報優於這些預測報告（財經媒體也會大肆報導這些報告），那該檔股票就可能受

---

* 業績指引（Guidance）是指多數公司會在當季的財報中發布對下一季度，甚至未來一年的業績預估。

到更多投資人的青睞與搶購，股價自然會被推升。

相反地，如果公司的獲利不如華爾街預期，這時股價就可能下跌。但有時某公司發布上一季的虧損程度不如華爾街預期的那麼嚴重，股價仍有可能上漲。你或許會感到困惑：這一季明明沒賺錢，為什麼股價還是上漲？光是虧損程度低於預期這個理由，就足以支撐股價走揚了。可見分析師的預測會左右投資人的反應，在股市扮演相當重要的角色。

財報通常會在非交易時間公布，有時在開盤前（美東時間上午 6:00 至 8:00），或是在收盤後（例如美東時間下午 4:05 至 4:30）*。使得股市開盤時，股票即可對財報結果做出反應。股市還有所謂的盤前與盤後交易**，不過這個主題跟本書的內容關係不大，順帶提及只是為了讓你知道還有這種投資模式。

企業除了會發布新聞稿，交待過去三個月的所有重要財務結果外，管理團隊通常還會跟投資人、分析師與記者進行視訊會議，時間約一小時。這種線上法說會†通常是由下列

---

* 台灣財報是一季公布一次：Q1（1 月～3 月）依規定必須在每年的 5 月 15 日以前公布；Q2（4 月～6 月）是 8 月 14 日以前；Q3（7 月～9 月）是 11 月 14 日以前。Q4（10 月～12 月）是隔年 3 月 31 日以前。
** 盤前和盤後交易屬於延長交易時段，可以在正常交易時段外尋找交易機會。
† 法說會即「法人說明會」，是公司主動召開或受到法人券商邀請，對投資大眾說明公司目前營運狀況與未來獲利展望的重要活動。

的公司領導人發表評論：

- 執行長：公司裡最具權勢的人，負責領導公司並做出
  重大決策。
- 財務長：直接向執行長匯報工作，負責公司財務方面
  的重大決策。
- 營運長：這位也是能在視訊會議中發言的高層，他是
  直接向執行長匯報工作，角色偏重於公司的日常管理
  與擬定營運策略。

在視訊會議中，這三位巨頭的發言有可能影響股價的漲
跌。雖然財報在剛發布後，股價的確會在盤前與盤後出現波
動，但等到視訊會議（通常會在財報公布後的幾個小時內
舉行）結束後，股價可能出現截然不同的反應 —— 變好或變
壞，關鍵仍在於他們發表的內容。

比方說，某檔股票的價格在財報公布後下跌了，但經過
管理階層在視訊會議中的說明，隔天的盤前交易不但價格回
穩，甚至在開盤後一路走揚。所以每季財報公布後召開的視
訊會議很重要，如果你有投資個股，最好認真聽會議中的發
言。若你買的是指數型基金，或許就不用花太多時間關注。

無論是當場聆聽還是閱讀文字稿，都是了解股市與商業

世界運作的好方法,還能順便了解你心儀大企業的營運狀況,就算你沒買他們的股票,至少使用過產品或服務吧!

其他可能影響股價的因素

除了企業獲利與否,以下這些因素也可能影響股價:

- **政府政策**:政府新通過或廢除一項法律,有可能對某公司營運造成正面或負面的影響,連帶波及股價。
- **地緣政治問題**:當爆發戰爭或地緣政治上的衝突時,會增加整個股市的不確定性,令投資人不敢買股票,並轉向風險較低的資產,例如債券。
- **企業合併**:假設 A 公司想要買下 B 公司,A 公司通常會以高於市價的價格買下 B 公司。若 B 公司流通在外的全部股份市值為 100 億美元,A 公司付出 130 億美元購買 B 公司,兩者的價差(30 億美元)就稱為溢價。如果你剛好持有 B 公司的股票,而且 B 公司被收購了,那麼拜溢價之賜,這些股票會在公開宣布合併消息後,立刻變得更值錢。
- **經濟數據**:政府與私人企業會定期公布各種數據,揭露當前的經濟情勢，股價也會隨著經濟數據的走強或走弱做出相對反應。股市與經濟情勢雖有關聯，但兩者不能畫上等號。經濟成長時，對股市通常是利多，但股市某個月或某季的表現不佳，卻未必代表經濟情況不好。

影響投資人交易決策的經濟數據

就算你沒有經濟學位，也該知曉金融市場的資訊。以下是可能影響投資人買股決定的重要經濟數據：

政府發布的就業報告

在每個月的第一個週五，美東時間上午 8:30，美國勞工部勞動統計局（Bureau of Labor Statistics, BLS）會公布就業與失業月報，亦稱「美國非農就業數據」*。[16] 由於這份報告是在月初發布，所以統計的是截至上個月底的數據。報告中

---

* 美國非農就業數據（US Non-farm Payrolls）是美國非農業人口的就業數據。另外，台灣是由行政院主計總處每月公布就業人數、失業人數、失業率、季調失業率、勞動力參與率。

將會提供就業人數的變化、失業率、勞動力參與率和平均時薪，還會揭露各產業的薪資狀況與年增率。

可以試想，就業情況對於經濟的影響有多大，還會連帶影響到股市。要是你沒了工作，別說上餐廳吃飯或是出國度假，恐怕連付帳單都有問題。因為你失業沒有多餘的錢消費所引發的連漪效應，可能擴及整個經濟，譬如不能去度假，就會影響旅遊相關業的航空股與飯店股。由於就業情況攸關整體經濟情勢，對諸多上市公司的體質影響重大，所以就業報告備受各界關注。

除了企業財報，華爾街的經濟學家也會針對各項就業數據提出預測，股市也同樣會仔細判讀官方發布的數據以預測跟華爾街有多大出入。

國內生產毛額：判斷經濟表現的重要指標

政府會按季公布美國的國內生產毛額（Gross Domestic Product, GDP）報告。GDP 報告*是由美國商務部經濟分析局負責製作，將 GDP 定義為 [17]：「國內生產毛額是指在美國生產的商品與服務之總值。從一段期間到另一段期間內的

---

* 台灣 GDP 報告是由行政院主計處提供。

GDP 成長（或衰退）了多少百分比，是美國人用來評量經濟表現的重要方式。」

當你聽到經濟衰退一詞時，[18] 意味著 GDP 出現萎縮，許多專家認為 GDP 連續兩季下滑，顯示經濟出現衰退，但也有人不同意這個定義。

無論如何，經濟衰退終究不是好事。回想 2008 年金融危機的經濟衰退，比典型的經濟下滑還嚴重，也造成大多數人失業。反觀現在肆虐全球的新冠肺炎，雖然還無法預估會帶來什麼樣的長期效應，但也逐漸影響經濟。

零售銷售報告：看出消費者把錢花在哪

零售銷售報告（Advance Monthy Retail Trade Report）的知名度略低於前二者，但仍受到財經媒體的高度關注。該報告是由美國普查局（United States Census Bureau），對美國零售業隨機抽樣 1.2 萬間商家進行調查。[19] 主要揭露消費者每個月在零售與食品銷售層面上有多少花費。*

其中最值得關注的是，零售銷售的月增率與年增率。該報告是按產業別來呈現他們的零售銷售狀況，例如建材與園

---

* 台灣是由經濟部統計處公布批發、零售及餐飲業營業額統計。

藝、餐飲服務、汽車、加油站與服飾配件等。你或許聽說
過，消費者支出在美國的 GDP 占有相當高的比重，這份報
告就能看出消費者把錢花在哪些地方，所以非常重要。

股市難免震盪劇烈

一檔股票對於某起事件做出的反應，未必都是「正
確」，有時難免震盪激烈，如同左右擺動過大的鐘擺，使得
股價超漲或超跌。

假設某公司在週一股市開盤前，公布了表現強勁的財
報，開盤後股價立即衝高5％，整個交易日都維持上揚走
勢，最後以上漲7％作收，讓你一天就賺了7％。誰知隔天
股價隨即回跌4％，致使財報公布後的初步漲幅只剩下3％
（7％‐4％）。所以光看財報公布的第一天無法窺得全貌，
必須在之後的第二與第三個交易日觀察股價的反應。

美國聯準會的調息牽動整體經濟

想搞懂股市，就必須弄清楚美國聯準會（Fed）的功能

與作用。**身為美國中央銀行的聯準會肩負兩大目標：充分就業與物價平穩。**[20]

這是什麼意思？聯準會想讓所有的美國人都有工作，希望消費者購買的商品價格能持穩。換言之，他們不希望通貨膨脹太嚴重，造成物價漲幅太高，也不希望物價大跌，否則有可能形成通貨緊縮。

物價若下跌，消費者會預期過一陣子價格變便宜，很可能會延遲採買，使得暫停消費的這段期間，經濟成長趨緩。花錢趨動經濟成長，這不是跟本書強調的勤儉致富精神背道而馳嗎？我不是一直苦口婆心勸大家少花錢，還說最好能把年收的六成存起來？

聯準會用來確保人人有工作、物價不飆漲的方法就是調節利率，稱作「聯邦基金利率」*，也就是銀行間的隔夜拆放利率。[21] 每年聯準會的官員要開會數次，定出適當的聯邦基金利率。這是金融圈的大事，眾多財經大師會預測聯準會的可能做法：升息？降息？持平？

如果經濟趨緩，聯準會多半會調降利率以活絡經濟。請

---

* 聯邦基金利率（Federal Fund Rate）是指一家存托機構（多數是銀行）利用手上的資金向另一家存托機構借出隔夜貸款的利率，代表的是短期市場利率水準，通常美聯儲公開市場委員會（Federal Open Market Committee, FOMC）會對聯邦基金利率設定目標區間，透過公開市場操作以確保利率維持在此區間內。

看這一連串的變動:當聯準會降息,帶動房貸利率下降,低利房貸會降低購屋成本,每月的房貸攤還金額也會變少,促使有意買房者採取行動。這將接連帶動經濟活動:買家具、買新家電、買第二輛車、買新燈具等。還有購屋過程中的相關人士,例如房仲、代書、保險公司,也都會因為這筆交易連帶賺錢。

較低的利率也會讓企業更樂意向銀行借錢,再將借款投入營運或是建造新廠房,甚至雇用更多員工。簡言之,利率變動的效應,會如漣漪般擴及整個經濟。

但利率低也有缺點:存放在儲蓄帳戶裡的利息會減少,這將損害仰賴利息過活的存戶與退休人士之權益。

若經濟成長過快,聯準會就升息讓它慢下來。聯準會曾有過一段推動股市的歷史:在 2008 年經濟衰退之後,聯準會為了刺激經濟復甦,不斷調降利率到接近零利率的水準。一直到 2015 年 12 月,也就是爆發金融危機的七年後,因為經濟逐漸復甦,聯準會才開始升息。[22]

那段期間,低利率讓投資股票更有吸引力。因為銀行的儲蓄帳戶利率低到只有 0.01%,許多人認為與其將錢存在銀行,不如投入股市碰運氣,或許能獲得較高的投資報酬,從而帶動股票的額外需求,推升了股價。不少股市專家指稱,過去這幾年的股價,是被低利率給「人為地」推升了。

　　無論如何，股市對低利率的到來，當然是歡迎之至。但如果你想成為一名股市觀察員，就必須了解聯準會的運作方式與目標。

各國的中央銀行

　　雖然美國聯準會被公認為全球最有影響力的央行，但不是唯一能影響股市的，還有幾個央行也受到財經媒體的關注，包括：

- 歐盟央行（European Central Bank, ECB）
- 英國央行（Bank of England, BOE）
- 日本央行（Bank of Japan, BOJ）

債券風險低，適合年長者

　　股票與債券市場的規模很大且複雜，不過本書並沒有專門研究這兩個領域，市面上還有其他深入分析股市與債市的書籍可供參考，若想達到財務自由，至少要對股市與債市有通盤了解。

　　先前我們已經花了不少篇幅介紹股市，現在就來談談債

市。債券基本上是一種有價證券，保證你在債券到期前，能定期領到固定的配息，並在到期時領回債券上記載的金額。配息的多寡由債券的票面利率決定。後續你將會數度看到「固定收入」一詞，這與債券一詞是通用的，說穿了債券就是一筆固定收入。

一般來說，債券的風險會低於股票，投資報酬也相對較低，因此財經專家通常會推薦快要退休的年長者買債券。當你年紀愈來愈大時，不僅快要退休，也可能很快要用到錢，但因為時不我予，所以無法承擔投資失敗的風險。

試想要是你 60 歲，而且你的投資組合中，股票占了很高的比重，萬一遇到股市跌跌不休，就只能靜靜等待股價反彈，但年長的你哪經得起這種波動。相對於二、三十歲的年輕人就比較能承擔風險，投資股票的比重可以高些，因為他們有的是東山再起的時間。

省錢存錢還不夠，靠股市用錢滾錢

　　為了要打造生財金山，光靠省錢存錢恐怕不夠，還得錢滾錢，為達此一目標，投資股票成了極受歡迎的生財方法。以下就是本章重點摘要：

- 投資股票是有風險的，沒人能保證股價一定上漲，但從以往的歷史紀錄來看，股票的投資報酬令人羨慕。
- 如果你不想買個股，不妨投資追蹤整體市場的指數型基金。

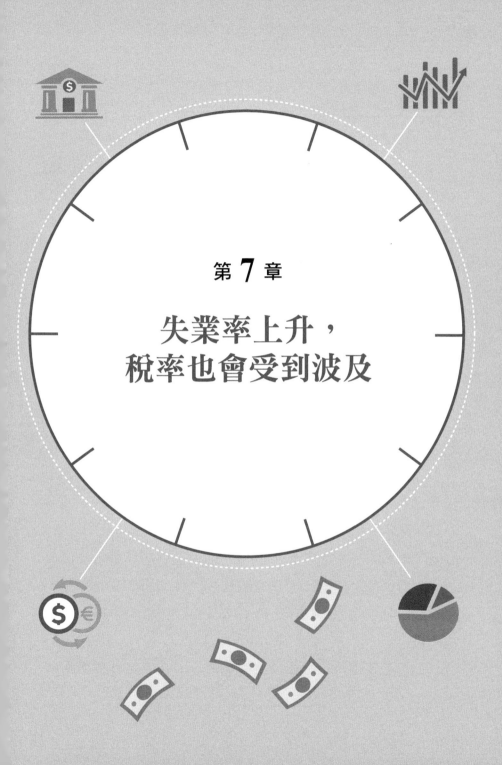

第 7 章

失業率上升，
稅率也會受到波及

我必須先聲明，本章的立論純屬臆測，因為目前無法確知，AI 會如何影響未來的就業狀況，乃至於整個社會。既然如此，AI 跟 401(k) 退休金計畫有何關係？我先說明 401(k) 退休金計畫，再來探討兩者之間的關聯。

美國許多雇主都有提供 401(k) 退休金計畫，詳細運作方式如下：

身為員工的你，可以選擇要從薪水提撥多少錢到你的 401(k) 退休金計畫中。這筆錢會從薪水扣除，自動存入你的 401(k) 退休金帳戶。目前這筆錢還不需要繳稅，所以你的所得稅會在扣除 401(k) 提撥款之後才計算。

舉例來說，如果你的年薪是 10 萬美元，每年會提撥 1.5 萬美元到你的 401(k) 帳戶裡，你的應繳稅額就會以剩下的 8.5 萬美元（100,000 - 15,000）計算，而非原本的 10 萬。所以把錢提撥至 401(k) 帳戶可以幫你省下一些稅金，很棒吧！不過當你工作數十年，到了可以退休的年紀時，提領這筆退休金還是要繳稅的。

請記住，在你年滿 59.5 歲之前，是不能提領這筆退休金，否則通常必須支付 10％的罰金。[1] 401(k) 退休金戶頭裡的錢，是給年紀大的你使用，不是拿去出國度假慶祝 35 歲生日。

在某些情況下，你可以向你的 401(k) 退休金帳戶預借一筆錢，而且不會被扣 10％罰金。但我不打算交待這些細節，因為設計 401(k) 退休金計畫的初衷，就是要讓大家老有所依，所以沒事少動這筆錢的歪腦筋。

問題是，如果你現在才二、三十歲，哪能知道三、四十年後的所得稅稅率會變成多少？這當中隱藏著很大的不確定性，就如同我們無法確知三、四十年後的職場，會因為科技的影響變成什麼模樣。

稅收對社會的發展不可或缺，是讓政府運作的必要資金，相信大家都沒異見。因此當你還在工作時，不論你是受雇於人還是自己當老闆，你的收入都必須繳稅，所以稅金有可能是你最大一筆的支出，甚至還會高於你的居住費用。

如果將來機器人造成就業率下降且更多人失業，這些人會因為失去收入而無法繳稅，這麼一來，政府的稅收就會減少，對吧？

若 AI 造成稅收減少，政府會不會全面提高所得稅率，讓有工作的人必須繳更多稅，彌補短收的稅金呢？若真是如此，屆時無論你是否還在工作，這些稅率也會套用在你提領的 401(k) 退休金。

安永會計師事務所（Ernst & Young）曾在 2019 年 7 月發表一篇文章，討論機器人很有可能導致不確定性的稅賦議題：「要是失業波及國家的稅收，各國政府該如何填補財政

缺口呢？」[2]

我們目前無法預言，當 AI 崛起導致工作者變少，從而造成稅收不足時，政府當局會採取什麼補救措施。依照正常觀點來說，當你可以提領 401(k) 退休金時，收入應該很少或沒有收入，對吧？因為你很可能已經沒有工作，這時所得稅率可能會比正處於職涯「收入高峰」的四、五十歲時，從 401(k) 提領退休金來得低。

政府一旦提高所得稅率，你退休時從 401(k) 提領退休金繳的稅率，很可能還超過四、五十歲提前先領。所以本章的主要目的，就是想請大家留意有這個不確定性的稅賦變因。

順帶一提，以 2020 年的情況來說，工作者每年最多可以提撥 1.95 萬美元到 401(k) 退休金計畫。[3]

對機器人的產值課稅

儘管我們很難預測政府，會如何因應 AI 造成的稅務議題，不過一些商界大老已經開始討論此事。例如微軟公司的共同創辦人比爾·蓋茲（Bill Gates），在 2017 年接受美國石英財經網（Quartz）的採訪時指出，[4]政府應該對機器人的產值課稅：如果相同的工作，先前是由一名勞工負責，政府即可對該工資課稅。

甚至 2020 年美國總統大選，機器人的產值也應課稅的想法，引起熱議。參與競選的紐約市長白思豪（Bill de Blasio），也提出對機器人課稅的政見，並在 2019 年 9 月的新聞稿中提出以下想法：[5]

企業採用自動化生產取代工人的工作，卻沒有安排適當措施輔導失業者，因此必須預繳相當於每名失業員工工作五年的薪資所得稅。

若政府真能對機器人的產值課稅，就可以把收來的稅金，透過妥善的方案分發給因機器人而失業的勞工。目前很熱門的全民基本所得，類似於社會安全（Social Security）支票，是按月發給公民，用以支付基本生活開銷的一種「所得緩衝」。向企業開徵機器人稅，不失為政府填補自動化造成稅收減少的方法之一。

好雇主額外提撥的福利

有些優質雇主還會額外提撥一筆錢到你的 401(k) 帳戶。

舉例來說，如果你提撥 6％的薪水到你的 401(k)，你的雇主也會相對提撥 6％的錢；如果你只提撥 4％，你的雇主也提撥 4％的錢。你有注意到嗎？但要是你的自主提撥未達雇主相對提撥的上限，就平白浪費了這項福利。雇主相對提撥的上限是 1.95 萬美元，是否要充分利用這個額度，由你自己決定。但不是所有雇主都提供這種待遇，因此當你找工作或是考慮要進哪家公司時，不妨把這項福利納入參考。

不過要取得雇主的 401(k) 相對提撥是有條件的，有些公司會規定員工必須任職滿一定的年數，才可享有全部的雇主相對提撥金。譬如僅待滿兩年的員工，只能拿走一半的雇主相對提撥金，工作滿三年的員工才能拿走全額。雇主會設下門檻，目的是鼓勵員工能留任一定的年數，不要隨便離職。

抱持長期投資的心態

你可以用 401(k) 帳戶裡的錢去投資各種生財工具，例如共同基金、指數型基金或債券基金。你還可以指定投資的百分比，例如 20％投資債券基金，80％投資股票型基金。不過這些基金可能會收取管理費，長期下來積少成多，將侵蝕掉一部分的投資報酬。例如你的 401(k) 很可能投資一檔追蹤標普 500 指數的指數型基金，該基金的管理費可能也是最低的，所以建議你留意一下管理費，0.05％的費用肯定比 1％來得划算。

不論是 401(k) 帳戶，或是你自己開立的證券戶，都必須留意你投資每檔基金的收費內容。巴菲特在 2014 年的致波克夏海瑟威股東書中寫到：[6]

企圖抓準市場「走勢」而頻繁買進賣出、配置不夠多元化、付出高昂但沒必要的管理費用，以及借錢投資，皆無法享有終生型投資者的豐厚投資報酬。

401(k) 的優點之一是提撥金為自動扣繳，所以你完全不必做任何事。即便股市下跌，也不會想要出售你的持份，因為如果在年滿 59.5 歲之前就提領這筆錢，除了要繳稅，還必須額外支付 10％的罰金。所以 401(k) 的機制將使你抱持長期投資的心態，這正是最有力的投資觀念：**眼光放長遠，切勿短視近利**。

用錢滾錢的羅斯退休計畫

　　無論你是否在意 401(k) 的不確定性稅率，現在還有另一種退休金計畫可供運用：羅斯個人退休帳戶 *。這跟你的 401(k) 帳戶不一樣，只需要幾分鐘的時間就能在線上證券商成功開戶。羅斯 IRA 的特性如下：[7]

- 以 2020 年的規定來說，如果你的年齡在 50 歲以下，每年最多可以提撥 6,000 美元，50 歲以上則提高到 7,000 美元。
- 你提撥到羅斯 IRA 裡的錢已經繳稅，這點跟 401(k) 不同。
- 提領這筆錢時，除了不必繳稅，就連投資的資本利得也不必課稅。

　　羅斯 IRA 除了能幫你錢滾錢，還能讓你在稅務上享有一點小確幸，這是因為一年的提撥額度只有 6,000 美元至 7,000 美元。由於戶頭裡的錢已經繳稅，你可以透過羅斯

---

* 羅斯個人退休帳戶（Roth IRA）是美國主流的個人退休帳戶，存入的是稅後資金，可以隨時領出而不用繳稅。目前台灣保險機構也推出退休保險計畫，每月定期定額投資，藉此為退休生活多一筆生活費用。

IRA 投資股票、共同基金或 ETF，也不必擔心三十年後所得稅率的飆升。

失業率上升，稅率也會受到波及

　　本章的目的是想讓你重視社會與政府為了因應 AI 崛起，所引發的不確定性，還有對你未來財務所造成的影響。由於美國民眾普遍仰賴 401(k) 計畫儲存退休金，雖然重要性不言而喻，但 401(k) 能否成功發揮退休養老的功能，關乎在數十年後，提領這筆退休金時的所得稅率息息相關。我們現在無法預測，只能留待時間見證。以下就是本章的重點摘要：

- 存入 401(k) 戶頭裡的錢是未稅的，必須等到你年滿 59.5 歲領出退休金時才要繳稅。
- 存入退休儲蓄帳戶裡的錢，必須等你到達退休年紀時才可以使用，而不是讓你支付眼前的花費。
- 羅斯個人退休帳戶是另一種重要的退休金儲蓄工具，能幫你存下一筆免稅的退休金。

第 8 章

投資房地產累積財富

你或許已經注意到，先前內容一直在講述 AI 與財務自由的關聯。不過本章將鎖定如何透過投資房地產累積財富，達到財務自由，做為因應 AI 取代工作的避險方法。

免不了的開銷：住房成本

人類必須居有定所，所以為了居住花錢是免不了的開銷。我在本章提及的住房一詞，未必是指房屋本身，而是指**你的「棲身之所」，住房成本則是你為此支付的費用。**

無論你是住在獨門獨戶的平房或公寓，還是分租一個房間，每個月都必須支付一筆錢來換取每晚睡覺的地方。首先我們來分析你目前的居住情況，幫助你決定租房，還是買房，肯定是個人財務（甚至是房地產）最重要的問題之一，而且很難有答案。

你可能會說，買房自住就是投資，房地產也確實經常被歸類為投資。不過我想說的重點是，買房出租讓你每個月都有租金進帳。**這種每個月都生錢給你的投資，才是我所謂的生財資產！**很多投資者就是靠著當房東退休養老，市面上也有很多教大家如何成功投資房地產的書籍和部落格。

租房好，還是買房好？

究竟是租房好，還是買房好？要回答這個問題很難，因為涉及個人財力，還要看你的居住地點。某些地段可能貴到買不起，但其他地區或許買比租還更划算。

若你是用貸款買下一間房子，可能需要支付以下費用：

- 每個月的攤還款（包含本金與利息）
- 財產稅
- 屋主綜合險*
- 維護與修繕費用
- 水費
- 電費、瓦斯費、第四台費用、網路月租費
- 物業管理費（視情況而定）**

如果你是租屋，就只需支付以下費用：

---

* 屋主綜合險（Homeowner's insurance）是一種財產保險，涵蓋個人房屋和房屋資產的損失。
** 物業管理費（Homeowners association fees），由住戶（業主）們組成並強制性參加，提供公共設施管理、景觀環境維護、治安維護、房屋修繕……等，還有合約中所包含的服務費。

- 每個月的房租
- 水費、電費、瓦斯費、第四台費用、網路月租費（有些費用內含在租金裡）
- 房客保險（此費用視情況而定）*

你有注意到嗎？租屋者要支付的費用少了很多。因為只有屋主才要繳財產稅，而且房屋的維護與修繕費用，通常也是由屋主負責，如果馬桶壞了，房客未必有義務要找水電工來修理。

那房東能否收取較高的租金，把上述成本轉嫁給房客呢？當然有可能。但是租金高低是由市場的供需決定，如果房東開的租金過高，房客就會選擇搬到更便宜的房子。

租金是能變動的。雖然美國某些州對於調漲租金設有嚴格的法律規定，但是租約期滿後，房東就有可能調漲房租。假設你是用固定利率的貸款購屋，那麼在還款期間，你每個月支付的房貸金額是一樣的，但若是失業，會因為付不起房貸又不能像租屋者一走了之，使得房貸成了燙手山芋。

若是租房子，則可以跟房東商量中止租約（雖然你可能要支付一筆違約金）；或是設法籌到每個月的房租，待租約

---

* 房客保險是保護居住在房屋或公寓中的租屋者保險。

到期後再搬家。一般租約不外乎月租或年租，通常只要提前三十天通知房東不續租即可。

　　房貸可沒那麼容易「甩掉」，唯一的方法就是出售，這可能需要一些時間，甚至有時還會拖好幾個月。而且賣房也會產生很多費用，例如稅金、房仲佣金。因此當你決定出售時，賣價必須夠高到至少能還清剩餘房貸，以免房子沒了還倒欠銀行一筆錢！然而，你不能控制房市，所以當你急著賣房變現時，通常會被迫以低於預期的價錢售出。

　　假設你的財務狀況還不錯，即使遇到一些波折也不必賣房，那我們回頭談談租屋跟買房對財務上的影響。假設你的房貸利率固定，每個月的攤還金額就會一樣。剩下的變數是財產稅會隨時間調整；還有維護與修繕費用也難以預估，如果你住在一間屋齡很久的老房子，你永遠不知道洗碗機或熱水器何時故障。不論是修理或換新，都要花不少錢，因此維護與修繕費用往往讓你猝不及防！

　　有房者能享受房子增值的利益，但這只是「可能」，並不保證房價一定會漲。能否增值的重點，還是要看它位在哪個城市的哪個地段、周邊環境的發展狀況。但數十年後，自己居住的地方會變成什麼模樣，誰都無法預料，萬一你運氣不好，買的房子跌價了，出售肯定會賠錢，要是總價低於剩下的房貸金額，那情況就更糟了。

這種資不抵債的房子被稱為「落水屋」（underwater），在 2008 年金融危機期間比比皆是，當時房價重挫，很多人拋售房子只換來 30 萬美元，而房貸卻是 40 萬美元。所以我要再次強調，買房並非是聰明的投資，很難保證在十五年或二十年後，房子會變得更值錢。

況且還得考慮「機會成本」，也就是你用來買房的錢，沒能拿去投資其他資產，所錯失的金錢或機會。譬如，二十年前，如果沒花 50 萬美元買房（目前僅增值到 60 萬美元），而是把錢投入股市，每年的投資報酬率若是 10％，二十年下來會變成多少錢？你沒能投資股市所損失的報酬，就是所謂的機會成本。

雖然你並未真正損失一筆錢，但要是當初投資別的項目，或許就能賺到這筆錢。不過說這些都是馬後砲，我只希望日後你無論投資什麼標的，都要考量其他投資項目的利弊得失。

假使你打算組建家庭，就不必浪費時間考慮前述這些因素。因為在這種情況下，即便買房不能為你賺進更多財富，但你更看重「成家」帶來的穩定，想讓孩子在條件較好的社區裡成長，在同一間房子、同個學區裡度過他們的童年，所以你還是會優先購置這項資產。但如果你是租屋而居，房東說不定每年都會調漲房租，搞不好還不續租給你，因此家庭因素十分重要。

　　別人很難決定你究竟該買房還是租房，如果你期待本章能提出斬釘截鐵的答案，恐怕要失望了。因為你要綜合考量眾多個人因素，本章僅能提供相關資訊給你參考，以便做出最有利的決定。

買房省不了的沉沒成本

　　如前所述，有幾項成本是買房省不了的，而且是所謂的「沉沒成本」，指的是已經付出去且無法收回的錢。以下就是買房的主要沉沒成本：

- **過戶結算費**：最高可達買房總價的幾個百分比，假設你購買一間 30 萬美元的房子，過戶結算費約為 1 萬美元。
- **仲介費**：當你透過房仲公司出售與刊登你的賣房資訊時，才需要支付這筆錢，仲介費通常是銷售總價的 3％至 5％。當然你也可以全部自己來（屋主自售），不過可能很花時間，你必須每個週末都空出時間，讓有意買房的人進屋參觀。如果你是找房仲代售，他們

就會幫你打點這些事情,並負責所有行銷工作:替房子內外觀拍攝專業照片,刊登在各個房屋買賣平台上。

- **代書費**:這筆費用不一定包含在前述的過戶結算費裡,買賣房屋需要準備很多文件,你可能需要代書或律師教你如何完成這些程序。

- **房屋檢查費**:不論是要自住還是投資(出租),最好雇用專業人員幫你檢查屋況,確保房子的結構穩固。這筆錢可能要數百美元,但萬一檢查員發現房子問題很多,使你最終決定不買了,雖然花了這筆錢,但你也只能乖乖買單,繼續找尋其他房子。

如果你不肯花「房屋檢查費」就直接買房是有風險的,萬一之後才發現地基不穩那還得了,到時恐怕要花更多錢修繕。因此如果檢查員在你買房前就發現這些問題,你可以放棄不買,或是跟屋主殺價,讓他幫你分攤這些維修費用。

儘管買房有前述沉沒成本,但住上好幾年其實也不會虧本。就怕你買房不到一年就想出售,那房子增值的程度,恐怕不夠支付這些交易費用。

房貸利率跟信用紀錄有關

接下來，我們要談談跟買房有關的最大費用：房貸與房貸利息。房貸是銀行或金融機構借給你買房子的錢，除了每個月攤還一小部分本金，還要加上利息，直到雙方約定的償還期屆滿為止。銀行或金融機構就是這樣賺錢的，借錢的代價稱為利息，利息的多寡則由房貸的利率決定。

房貸利率的高低，與你過往的信用紀錄息息相關，如果你有卡債與拖欠帳單的黑歷史，那你的信用評分肯定不高，在對方眼裡是個有風險的借款人，從你過去遲繳的行為推斷你有可能無力還錢，或是遲繳每個月的攤還金，所以放款者會向你收取較高的利息，當做額外的現金緩衝，畢竟借錢給你，銀行要承擔較高的風險。

若你打算申辦房貸，記得採取一些必要措施來提高你的信用評分（見第 4 章），盡量取得比較優惠的利率，降低每個月的攤還金額。

買房不是用錢滾錢的好標的

假設你打算買一間 50 萬美元的房子，需要準備兩成的

自備款，即 10 萬美元，剩下的 40 萬美元則辦理房貸。再假設你想申辦還款期限 30 年、利息為固定年利率 3.75％的房貸，這意味 40 萬美元的房貸利率會維持 30 年不變。累積30 年下來的利息究竟會是多少？是超過 26 萬美元！所以這間 50 萬美元的房子，你花了 66 萬美元購買，這還沒包含你每年支付的稅金與維修費用。

如果你持有一間房子三十年，屋裡屋外可能都需要翻修，像是裝新的窗戶、添購新家具、換新熱水器、粉刷牆壁等，也期待三十年後能大幅增值，彌補這些年花的費用。

不過買房跟投資股票一樣，只有在賣房或賣股時才能兌現這筆價差。例如當初你以 50 萬美元買房，三十年後房價上漲到 150 萬美元，但你只有在賣房時才能拿到這筆錢。

把 26 萬美元的利息除以 30（因為是 30 年累計來的），一年的房貸利息大約是 8,700 美元。再假設每年的財產稅是1 萬美元（為了方便計算，我讓稅金跟房貸利率維持 30 年不變，但有可能與實際情況不符）。每年可能需要花房價的 1％來維修房子，一年就是 5,000 美元，所以你每年實際花在房屋的費用，加上房貸利息、財產稅與維修費，一共是2.37 萬美元，這個數字還不包括你每年攤還的本金（房貸是一定要付利息的，沒有銀行會免息借錢給你）。

如果你把這 2.37 萬美元投入股市，年化報酬率為 8％，三十年後大約是 260 萬美元。試想三十年後，你的房價有可能漲到 260 萬美元嗎？不能說全無可能，但機會似乎不大。

假設你在三十年後，想把價值 260 萬美元的股票變現，換到風險較低的資產，例如債券、定存或高利息儲蓄帳戶。假設年化報酬率是 2％，那你一年大約可以獲得 5 萬美元的利息收入，看起來還不錯，對吧？你一個月就有大約 4,000 美元的錢可以花用，不論你住在哪個城市，這筆錢都可以讓你過上還不錯的生活，若是你這時還有工作的薪水可拿，那就太棒了。

我必須重申，這只是一個假想的範例，我們無從得知股市未來的發展，也無法斷言未來幾年或三十年後的房價走勢。所以從另一個角度檢視這個範例，未來三十年，你每個月連本帶利要付給銀行大約 1,850 美元。每年的財產稅是 1 萬美元，每年的維修費是 5,000 美元，兩者合計是 1.5 萬美元，換算每個月要付 1,250 美元。把 1,850 美元的房貸加上稅金與維修費，每個月的擁房負擔就變成 3,100 美元，這就是你買房每個月必須支付的成本，而且還沒加上屋主的保險費（租房可能要買房客險）。

試想在你住的那一區，每個月 3,100 美元能夠租到什麼樣的房子呢？要是你只需花 2,100 美元就能租到同樣大小的房子，可能租屋比較划算，既不必準備 10 萬美元的頭期

款，也不用付稅金、維修費與房貸利息，但缺點是房租有可能會逐年上漲或飆漲。話說回來，要是你真的很想「錢滾錢」，將你買房的頭期款投入股市，很有可能每個月會產生一筆讓你支付房租的利息錢。

針對買房好還是租房好的問題，我特地向美國耶魯大學（Yale University）經濟學教授羅伯·席勒（Robert J. Shiller）討教。席勒是地位尊榮的史特林教授[*]，曾於 2013 年榮獲諾貝爾經濟學獎，出版多本鉅作，包括《故事經濟學》（*Narrative Economics*）。他指出，根據調整後的維修成本，買房的長期歷史報酬（long-term historical returns）有可能是負的。[1]

之前我曾聽過許多財經專家指出，每個月付房租就像把錢打水漂了，但席勒不認同：

選擇租屋而居，你就可以把買房的錢投入其他資產。如果是投資股市，歷史報酬比較高，而且你願意的話，還可以進行槓桿操作。與其貸款買房，不如貸款買股票，但那是有風險的，並非人人合適。

---

[*] 史特林教授（Sterling Professor）是美國耶魯大學最高的學術等級（Academic Ranking），一般授予在某領域最傑出的在職教授。

席勒認為，要是你捨棄貸款買房，選擇租屋而居，既不用拿出大筆自備款，還可以把那筆錢，拿去投資另一種資產，例如股票。

你還記得，我們曾談及申辦 30 年期固定利率房貸，需要付給銀行多少利息嗎？席勒把那筆錢比擬成房租，就不會覺得付房租是將錢打水漂。但若是買房，付給銀行的房貸利息是拿不回來的沉沒成本，並且只有在你真正擁有這間房子的時候才是回本。

繳清房貸，房子才真正到手

貸款買下的房子，何時才能歸屬於你？如果你買了一間房子，一住就是數十年，當你付清全部貸款後，未來只需支付房子的稅金、維修費用與保險費，所以買房能讓你有朝一日享受極低的居住費用。

唯一的問題在於，你為了擁房而付出多大的機會成本。舉例來說，如果你租屋而居，把買房所衍生的費用：頭期款、財產稅、房貸利息與維修費用，全部拿去投資股市，三十年下來，說不定就能打造一座生財金山，靠它產生的收入支付房租。

就如先前範例所示，三十年下來拜複利之賜，收益高達
260 萬美元。再把這筆錢放入年利率 2％的銀行定存（這是
非常安全的投資），得到的利息就夠你付房租了。要是你很
會理財投資，租房可能會比買房划算。

不過所有事情都是相對的，理財也是如此，如果我把錢
拿去投資 A 資產，我會錯過什麼？聰明理財的關鍵就是要算
清楚機會成本，在你研究如何理財與追求財務自由時，會經
常看到「機會成本」一詞。

要是你打算這輩子只租房不買房，也不投資任何資產，
賺來的錢只想拿去買昂貴的手機、出國度假與吃喝玩樂，未
來你的財務狀況將相當堪慮。

總之，買房好還是租房好，因為涉及個人想法與其他諸
多因素，就連財務專家也無法代你回答。不過若想達到財務
自由，居住問題絕對不容小覷，它很可能是僅次於稅金的大
筆開銷。而且購買房地產會是你淨資產中的一個重要成分，
若是你運氣好，找到一間物美價廉的房子，數年後以不錯的
價格賣出，那就太棒了。

買房自住和買屋出租的差別

接著討論投資房地產。有人認為買房自住就是一種投資，這句話雖然沒有錯，但要不斷付出一些費用，每個月卻拿不到任何回報。你要如何取得每個月的生活費，你只有一直掏錢給別人：銀行、保險公司、幫你整理院子的園丁，還要繳稅給政府。如果你買的房子在五年、十年或三十年後賣掉賺到一筆差價，那就算運氣不錯，但是自住的房子不會每個月生錢供你花用。

每個月都能給你一筆現金收入的房地產，才算是真正的投資。就像你買股票拿到股利，那也是現金流，會有錢進到你的皮夾裡。假設你買了一間房，每個月要付 1,000 美元的房貸，但出租能每個月收到 1,300 美元，中間就賺了 300 美元，這筆錢會進到你的口袋，現在能看出買房自住與買房出租的差別了嗎？

坊間討論投資房地產的書籍與部落格文章相當多，但我認為其中有些內容，會讓人認為投資房地產似乎很容易賺到錢。我想提醒你，投資房地產是有難度的，需要花時間和精力做功課，要是你的正職工作相當忙碌，恐怕會力不從心。

不過要是買到一間好房出租，無論十年或二十年後，你的工作是否被機器人取代，你投資的房地產都能為你帶來一

筆被動收入。

買房自住兼分租的優缺點

在我深入探討如何當一名房地產投資人的細節之前，先來談談一種混合式的房地產策略，結合了買房自住，並出租部分區域給房客，用房租收入幫你分攤每個月的開銷。這種「免費住」（live for free）的投資策略，是達成財務自由的關鍵。

我曾提過，住房成本有可能是僅次於稅金的最大開銷，要是能像這樣大幅降低你的居住成本，每個月只需付一點錢或不必花錢，豈不是節省了高昂的住房開銷？

這個一舉兩得的策略運作方式如下：買一間有兩個套房的獨立式住宅，你自住一間，另一間出租。你收到的房租有可能幫你分攤掉一大部分（甚至全部）的房貸費用，還包括稅金、保險費與維修費，說不定還能有點賺頭。

不過賺錢倒是其次，重點是房租能幫你分攤每個月的買房開銷。分租的目的是把買房的費用轉嫁給房客，讓你免費入住，很棒吧！那為什麼大家不如法炮製呢？嗯，問得好！

買一間有兩個套房的獨立式住宅，並出租其中一間，的確是打造財富的好策略。你的居住費用由房客幫你負擔，省下來的錢可拿去投資另一種資產，例如股市，讓你更快達到財務自由。

以下就是買房分租策略的優點：

- **房客幫你付房貸**：買一個有二或三間套房的房產，一間自住，其他出租，如此一來你幾乎不必花錢就有棲身之所。就算收了房租之後，你每個月仍要自付兩、三百美元，還是非常划算，運氣好的話，說不定還能小賺一筆。

- **利率**：自用住宅的房貸利率會比非自用住宅的利率低，所以你若是住在其中一間，可視為你的主要居所，則可享有自用住宅的房貸利率，這點非常重要，必須跟放款者說清楚。但如果你沒有入住該房產，就會適用稍高的非自用住宅房貸利率，因為銀行會認為你沒住在自己買的房子裡，擔心房子沒人維護而「遭遇不測」，導致風險變高。

- **順便管理房子**：你買了一棟兩戶以上的房產，自己沒有入住，全數出租，那你可能需要雇人幫你代管，物業收費高達每月租金的一成，這會立刻減少你的現金流。但如果你也住在這裡，方便管理房子之外，還能

省下這筆錢。我不是說管理房產是件小事，但絕對比你專程從外地過來處理房子問題來得輕鬆。另外，請房客利用線上轉帳的功能支付房租，你就不必像從前一樣，每個月去敲房客的房門說「收房租囉」。

但自住兼分租的策略也有缺點：

- **你無力管理房產**：你每天辛苦工作十小時，晚上八點多到家正想休息，房客卻來敲門或是發簡訊說馬桶壞了。這時你不是自己修理，就是打電話找水電工。也或者你工作累癱了，根本不想理房客的抱怨，但這些事不可能置之不理，最終你還是得雇人代管。

- **維修費用較高**：你買的房子愈大，維修費用可能愈高。如果你買的是兩戶以上的建物，就會有兩套以上的廚房衛浴，要是遇到冰箱或瓦斯爐壞了，動輒就要花費數千美元。雖然這種多間套房的獨立式住宅，既可自住又能分租，堪稱一舉兩得。但是維修的相關開銷，有可能會侵蝕掉一部分的投資報酬。所以我必須再次提醒你，房產的維修費用很難預估，尤其屋齡高的老房子格外花錢。

- **房客拖欠房租**：出租房子就會有房客拖欠房租的風

險，原因不外乎財務困難，或是惡意拖欠。不管理由為何，要是少了房租收入，你就必須獨立負擔全部房貸費用。尤其兩間套房的房貸，肯定會比單戶來得貴，很可能會因此付不出房貸。再者，如果房客拖欠房租，你可能還會展開強制遷離的程序，搞不好還得請律師。這種情況不僅花錢花時間，還很煩人。

- **房子不易脫手**：出售多戶型住宅會比單戶型房子棘手，上門看房的人可能以投資客居多。但想買單戶型房子的人，多半沒興趣當房東，因為還要處理房客的事，所以可能不會考慮買你的房子。若想賣多戶型住宅，可能要花較長的時間才能找到買家。

- **留意相關的法律責任**：如果房客因為你沒有鏟除台階上的積雪而摔跤受傷，可能會上法院告你並要求賠償。所以你最好買足相關保險，幫你處理這一類狀況，這也是當房東的風險之一。

- **不易找到合適的投資標的**：想要找到一個有兩戶以上的建物，讓你既能自住又能出租，其實沒那麼容易。大多數社區都是以單戶型住宅為主，擁有多戶型住宅的社區，可能位在沒那麼討喜的地段。如果你對我提出的自住兼出租策略有興趣，就不能太堅持地段，否則很難找到適合投資的物件，所以這個策略並非人人

都行得通！

買房純投資的注意事項

買間專供出租的房子，是每個月產生現金流的另一個方法。由於目的是投資，所以你不會入住，只供房客使用。你應該還記得我在書裡不斷強調，擁有一座生財金山來支應我們每個月的生活開銷該有多好？

截至目前為止，我的結論是至少需要有 100 萬美元放定存，年息還要有 2％，一年才會大約有 2 萬美元，平均一個月約莫有 1,700 美元。但這個數字恐怕還要加上兼差或打零工的收入，才夠支付你每個月的花費。不管你想要存到 100 萬還是 200 萬，顯然都不是一兩天就能達標，最快也要省吃儉用十年，才有辦法存下六成的收入。

若你現在還沒存到 100 萬美元，那你每個月要如何賺到 1,700 美元？要是能買下數個房地產出租，說不定每個月就能收到那麼多的現金。而且只需準備四分之一的購買價金，其餘申請房貸即可。你沒看錯，只需要自備 25％的頭期款，就可以擁有一個房產，讓你每個月都有一筆可觀的租金進帳。這個方法雖然不簡單，但還是辦得到。

在此，我指的是純粹出於投資，買下一間單戶房或一棟小型公寓（只有一至四間套房）。你本人不會入住，但希望房客繳的房租，不僅足夠支付每個月的房貸、稅金、保險費、維修費與水電瓦斯費，還能讓你小賺一筆。

有些人手頭上有好幾間房子出租，那是他們花了好幾年的時間陸續買下來，每間都能幫他們產生一筆現金。憑著這些房租收入，足以支應他們的生活開銷，甚至還有多餘的錢，這種生財模式就相當於股票發放的股利一樣。

投資房地產的目的，並非指望以 30 萬美元買的房子，十五年後能增值到 70 萬美元，而是看中每個月都有房租入袋，不管你稱為獲利、股利還是現金流，我只希望擁有這項資產後，每個月都有回報。

挑選性價比高的房產

想找到正確投資標的並非易事，除了上網搜尋附近物件，還有人會廣發傳單，詢問尚未掛牌出售的屋主是否想賣房，希望在還沒刊登廣告出售前，以更划算的價錢買下。你也可以詢問附近的房仲，幫你留意市場上的合適物件。

由於你買房的目的是投資而非自住，所以評選的標準是高性價比。千萬不要因為房子漆了你最喜歡的顏色，或是有

座豪華的庭院而購買；雖然這些美觀因素有利租金收入加分，但關鍵還是這個房地產的獲利性。遇到這種兩難的情況：房價真的很超值，但是某個房間漆了你最討厭的亮綠色，此時必須理性評估並做出正確選擇。

以下是購買房子出租時，通常需要支付的費用明細：

- **房貸**：網路上很容易查到房貸利率。線上還有很多試算房貸的工具，只需輸入房子的總價、貸款年限與利率，立刻就能知道你每個月要攤還的金額。

- **保險費**：不管買哪種房子，都需要買保險。但是作為房東，最好買足相關的屋主保險。你只需打電話給保險公司，說明房子打算出租，就可以保屋主責任險。萬一某人在你的房產上摔倒，上法院告你並求償（他會摔傷是因為通往前門的台階損壞而你沒修理），這時保險公司就會出面跟原告接洽並解決此事，省去你的擔憂。或者是屋子通往地下室的樓梯沒裝扶手，結果害房客摔斷腿，使得他接下來好幾年都不能工作。一旦你沒有買屋主責任險，很可能因此陷入財務困境。

- **水費**：房子的水費由誰負擔，要看你的房子位在哪個城市而定。在此之前，請先列入房東成本，以防買房後意外多出這筆費用。水費究竟該由你付，還是房客付？先做些功課吧！你可以詢問在地房仲，或是打電話給自來水公司了解詳情，以便你在計算出租這個物件所能創造每個月的現金流時，不至於誤差太大。當你預估的數字愈精準，算出來的每月現金流也就愈正確，這是評估一間房子是否值得投資的重要參考。

- **電費瓦斯費**：電費通常由房客負擔，但如果附近其他出租物件大多由房東免費提供，那你最好也入境隨俗。在購屋之前，你同樣可以跟這一區的電力與瓦斯公司打聽這類房子的平均費用，幫助你試算的金額更精準。若是之前沒算到這筆錢，最好先更新你的現金流試算表（稍後會再詳述）。

- **財產稅**：財產稅由屋主支付，這些屬於公開紀錄，只要有地址就能查到稅金金額。

- **房屋閒置成本**：要是你買的房子或公寓沒租出去，閒置成本大約會是房租的 10 ％，這代表每個月都沒錢匯進你的銀行戶頭，所以我建議最好預留應急基金。試想，如果你沒能立刻把房子租出去該怎麼辦？或是你的房客好幾個月都沒付房租？你不妨為上述情況預做準備，如果每個月的租金收入是 1,000 美元，你就抽出 100 美元（房租的 10 ％），並在支出明細列入「房屋閒置成本」。就算你買的房子已經有租客，說

不定還潛藏風險，例如他可能很快搬走，一連空了好幾個月都租不出去。

- **維護修繕費**：這筆費用很難估算，因為其中牽涉的變數太多，主要視屋齡與房客使用而定。雖然很難建議你，每個月的房租收入應該預先提撥多少比例的修繕費，但多存點錢總好過臨時出問題。因為你永遠不知道馬桶什麼時候故障，或是洗衣機突然壞了，或是樓上的房客忘記關浴室水龍頭導致漏水，總之很多狀況都可能發生！請記住，房子是你的，你只能祈禱遇到有水準的房客會好好愛惜你的房子。

- **資本支出***：這筆費用跟前述提過的簡單修繕不一樣，這可不是花 50 美元找人通個水管的小工程，而是像這種修理屋頂可能花掉 5 萬美元的重大裝修。屋頂通常可以用上數十年沒問題，但如果你買的是老房子，搞不好就需要翻新。房屋檢查員能幫你判斷屋況，要是你想買的房子，屋頂雖然現在堪用，但可能不久需要修繕，那你最好跟賣方商量酌減房價，預先備妥更換屋頂的費用。除非是未來十年，都不須換新屋頂，

---

* 資本支出（Capital Expenditure）是指為了獲得固定資產，或為了延長固定資產耐用年限而支出的費用。

那這筆錢就沒那麼急迫。

不過，每個月還是應該從你的現金流量表上，為這筆資本支出提撥一些預備金，以便日後真的需要更換新屋頂、壁爐、熱水器、鋁門窗、廚具等，就能派上用場。

以屋頂換新為例，如果要價 3 萬美元且保用十年，那你一年就應提撥 3,000 美元的換屋頂預算（30,000 ÷ 10 ＝ 3,000），平均一個月要提撥 250 美元放在資本支出的儲備金裡。除了屋頂，或許還有其他大額修繕費，例如換新熱水器或廚具。

由此可見，現金流量表上的資本支出，也會用掉一部分的房租收入，但你買房出租的租金，本就應當足夠支付這些費用，不然何必當房東。預先編列這些費用就不會在幾年後，被一大筆突發開銷弄得措手不及。事實上，這些養房費用是逃不掉的，不如趁早做好準備。

- **管理費用**：這筆錢完全取決於你，如果你想自行管理租屋，可是要付出時間的，房客可能會打電話要求你修理損壞的設備，或是抱怨環境太吵雜，或是申訴鄰居，或是花錢雇工鏟雪（想省錢就自己動手），或是請人噴灑除蟲劑，以免房客抱怨蚊蟲蟑螂太多，內容

五花八門、無奇不有！

如果你打算請專人代管，那就省事多了，只不過他們每個月會收取房租 7％至 10％的代管費，甚至更貴。因此你要慎選代管人，記得跟他們要推薦信，最好還能面試兩名以上的應徵者，確保代管者能有效幫你處理各種房事雜務。如果出租的房子離你很遠，還是請專人代管為宜，否則往返太費事。收租也是房產管理的重要事項之一，市面上有很多關於房產管理的書可供參考。

如果你家離出租房產很近，可能會想就近管理，以省下每個月房租收入 7％至 10％的代管費，但若是手上有多間房子出租，你恐怕會分身乏術，因此是否找人代管必須審慎評估。

總之你在試算出租房產能否賺錢時，必須列出這 7％至 10％的房屋代管費，雖然這項支出令人心痛，但若是扣除這筆錢還是有賺頭，那就花吧！

基本上，要是你現在看的這間房子，扣掉這 7％至 10％的房屋代管費後就沒得賺了，代表這房子的總價可能過高，那我勸你還是再找找其他投資標的。

試算買房出租的獲利有多少？

你可以先用網路上的免費工具試算一下獲利。把每個月的房租收入，減去你要支付的各項費用，確認還有利潤之後，再正式買房：

房產地址：

天龍路 888 號

購屋明細：

房屋總價	90,000 美元
頭期款（25%）	22,500 美元

每月收入：

房租	1,600 美元

每月支出：

房貸	400 美元
財產稅	200 美元
空屋成本	150 美元
資本支出	150 美元
房屋代管費	150 美元
水費	50 美元
瓦斯與電費	0 美元

維修費	200 美元
合計	1,300 美元
現金流（每月收入減支出）：	300 美元

　　購屋前，應先清楚列出與該房子相關的所有數字，判斷是否能獲利。如果你看中的房子正在出租，不妨向屋主或房仲索取租約複本，了解租金金額，這也代表你取得房屋所有權之後，立刻就有房租收入，這是優點，但缺點是房客不是自己挑選，所以不確定他是否會如期繳交房租，也不知道他會不會「善待」這間房子。倘若房子還沒出租，就向房仲打聽該物件最高租金落在多少區間，或者也可以自行上網搜尋附近類似房型的租金行情。

　　至於財產稅更是公開的紀錄。維修費用、資本支出與房屋閒置成本則需估算，因為在你擁有該房產的期間，這些費用誰也說不準，也不確定多久才能找到新房客。

現金流：房子未出租的預備金

　　現金流，是你的房租收入扣掉所有費用之後剩下的錢。就像前文提過的，範例中的某些費用，其實是你為了將來的花費，預先儲存的應急金。以房屋的閒置成本來說，你不需要真的按月開一張 150 美元的支票給某人，而是預防萬一房子沒出租所做的「超前部署」。

預扣資本支出與維修費用，也是同樣道理。這些錢你可能會用掉一部分或全部，也可能完全不必動用，一切要看日後的發展而定，事前是無法準確預估的。從本範例來看，雖然這些「預想」的費用可能隨時發生，但我們先暫定你的房產投資會為你賺進 300 美元。

想要快速評估某個房產能否幫你賺錢，不妨試試這個經驗法則：**每個月的房租收入不到房價的 1%，恐怕不值得投資，因為它的現金流可能會是負的，代表這項投資成本會大於收入。**

因此，租金收入至少要達到房價的 1%，能到 2%就更棒了。但也不是所有的房地產都會賺錢，即便租金收入達到房價的 1%，產生的現金流都不算是金雞母。

就以上述範例來說，房租每個月 1,600 美元，房價是 9 萬美元，租金收入 1.77%（1,600 ÷ 90,000 × 100 = 1.77%），確實介於 1%至 2%的理想區間，難怪能按月產生數百美元的現金流。

反之，如果你的租金收入除以你買房的總價，結果低於 1%，那麼當你把所有數字代入試算表，可能會發現數字只能勉強打平，甚至是虧損。這個簡單的方法可以讓各位快速

算出某個房產是否為合適的投資標的，結果跟用整張試算表驗算是差不多的。

用這套經驗法則，可以先快速過濾某房產是否適合投資，合格的物件再用整張試算表核算，看能產生多少現金流，若是不合格就不必浪費時間核算，因為結果很可能是你每個月要倒賠 100 美元。

當我在 2019 年撰寫本書時，全美許多城市的房地產價格，在過去八年間大漲不少，雖然租金也有上揚，但幅度跟不上房價攀升的程度。這代表如果房價很高，你的房貸負擔就會加重，租金收入不夠高的話，就不能支付你每個月需要攤還的買房開銷。

身為一名投資人，你必須在一個搶手的社區，找到一間價格實惠的房子，才可能收到不錯的租金，不過要找到這種好物件可沒那麼容易。

要是找不到划算的投資物件，也別氣餒！雖然坊間很多部落格、專書與播客（Podcast）都大肆宣傳投資房地產致富，但你真的不能為了當一名房東，就倉促買下不會替你賺錢的房子。

我雖然不反對出租房地產生財，但網路上某些建議內容似乎有點報喜不報憂，甚至讓你覺得傻瓜才不去投資房地產，但你真的不必因為這些話而失去理智。

其實往好處想，一直找不到能替你賺錢的金雞母也無妨，你還是可以穩穩存錢，不斷積攢的現金有利無害。

簽訂租約保護自己

空口無憑，凡事最好白紙黑字寫下來，房東與房客之間的關係也是如此。即便你提供的是為期一個月的短租，也一定要簽約，否則房客可以隨時搬走而不必支付任何罰金（年租的房客通常需提前三十天通知不續租）。明確規範雙方的權利與義務後，可在雙方關係交惡時省去許多麻煩，也可以找律師幫你起草一份租約。

身為房東的你肯定不喜歡「意外驚喜」，雖然租約不能保證房客一定會付房租，但是簽訂為期一年的租約還是好過逐月續租。房客在這一年內不能隨意搬家，如果住了八個月就想搬走，除了必須付清八個月的房租，還要繳提前搬家的違約金（通常是一個月的房租）。

另外，也有可能遇到房客提前搬家卻又積欠租金的狀況，這時你能考慮是否要採取法律行動：要告房客嗎？值得花這麼大的工夫和成本嗎？說不定值得。

有些人會認為，租約裡的條款根本是防君子不防小人，除非法官判你勝訴，不然條文形同虛設，但為了防患於未

然，還是必須簽約保護自己。

押金讓房客不隨意破壞房子

押金是另一個重要的法律議題，房東可以向房客收取押金，用來賠償房客在租賃期間對房屋造成的損壞。

押金主要用來「威嚇」房客不要隨意破壞房子，例如把衣櫃移到房間的另一側，結果刮傷了地板，房東就可以拿一部分的押金修理。這能讓房客在移動衣櫃前，更小心謹慎。

房客付的押金並不歸房東所有，當搬走時必須還給他，如果發現房屋受損，房東還能告訴房客從 1,000 美元的押金中扣除 250 美元的原因：「這是修繕地板的費用。」

入手價格是賺賠的關鍵

房地產的買進價格，攸關投資的賺賠。雖然將來每個月會替你生財，但你仍應盡力替自己爭取到最划算的買價。買價愈低，每個月結餘的現金流愈高，甚至多年後賣房的淨利率*也更豐厚。

---

* 淨利率（Profit margin）指的是稅後淨利占營收的百分比。

每個月的現金流雖然很重要，但房子日後的增值空間也必須考量進去，若能在買房前幫自己爭取到一個划算價格，就等於替房子創造更大的增值機會。

選對社區，贏在投資起跑點

買對社區能讓你投資的房地產贏在起跑點上。在美國紐約或舊金山等物價很高的城市，房價通常高不可攀（雖然租金收入也較好），恐怕很難買到符合條件的房子（租金要達到房價的 1％至 2％）。但要是你住在物價比較便宜的城市，或許有機會找到不錯的投資標的。

一般而言，**人氣社區具有以下特性：就業率不錯且人口呈正成長**。如果你的房客沒工作，又怎麼會有錢按時付房租呢？所以不妨先上網查一下各地的就業狀況，順便查一下這個地區的最大雇主是哪家企業。

舉例來說，某汽車公司是這裡的最大雇主，萬一該公司關廠，失業率就會飆高。所以擁有多種在地產業（有好幾家不同類型的大企業）的城市，會是最棒的選擇。

你還可以查一下當地企業的相關新聞，以及近期是否有新企業要移入本區，若有大型科技公司打算落腳某個城區，

就是前景看好的跡象。

人口成長也是一個好兆頭，因為跟就業狀況息息相關。要是某個城市的人口持續增加，意味著住房需求也會上升。畢竟人總是要有落腳處，如果很多人紛紛遷入，就會帶動租金上揚，你也會獲得更多的現金流。

別忘了，還要觀察這個城市過去的經濟發展。有些城市在 2008 年金融危機發生後，經濟很快就開始復甦，但別的地方就沒那麼幸運了，等到 2011 年或 2012 年，景氣才慢慢回溫。話說回來，即便某些城市的失業率高於全州，甚至高過全國的平均數，也不代表在那裡買房一定沒賺頭。

若是當地失業率日漸下降，就是好兆頭，畢竟你不會想在房市最熱的時候買房，要是你能抓緊時機，趁景氣剛起步時投資，就能順勢賺一波。但如今要找到這種絕佳的進場時機，已經是有點可遇不可求了。

不動產資訊供應商 CoreLogic 在 2019 年 10 月公布的房價指數 *顯示，房價自 2011 年 3 月的谷底已上漲了 62.5%。[3]要是你在 2011 年買了一間房，現在房價肯定漲了不少，至少帳面上是如此。

---

* 房價指數（Home Price Index）是指從特定日期開始以來，住房價格的變化百分比。台灣則由內政部不動產資訊平台每季公布「住宅價格指數」。

那麼在過去十年，全美房地產的漲幅，跟同期股市相比又是如何？2011 年 3 月道瓊指數在 12,100 點左右，[4] 把時間快轉到 2020 年 1 月，道瓊指數已來到將近 29,000 點，[5] 漲幅將近 140％，約為房地產漲幅的兩倍。

按日計費的短期出租

短期出租在房地產界算是一個小眾市場。這類投資人買房不打算把房子租給一年以上的長租客，所以他們會把房源刊登在專供短期出租的網站上（你應該曾經瀏覽過，或至少聽說過）。短租房跟旅館一樣是按日計費，雖然租金要看房型而定，不過短租房的日租收入應該會高於長租。

短租也有缺點：因為你無法確知房子會閒置多久，不確定性較高。就算你每晚可以收取頗高的住宿費，但若是一個月只有一半時間租出去，那你的收入未必會高於租金較低但一整年都有人住的長租，因為後者的空房率為零。

短租房可能有以下風險：

1. **空房：**短租房的營收無法預估，旺季期間可能天天客滿，淡季可能只剩五成。

2. **價格**：跟旅館一樣，每晚的房價會隨市場的供需情況波動，要是城裡剛好舉辦大型會議，你的房價或許會因為房源供不應求而跟著水漲船高，但這種機會只是曇花一現。

   再者，短租房有季節性（視所在地點而定），就以佛羅里達州的短租房來說，房價在夏季時會下跌，因為這時天氣太熱，根本無法進行戶外活動。到了冬季就會大漲，因為許多住在北部的人會湧入至此避寒。所以你在冬天時可能數錢數到手軟，但是到了夏天就只能勉強打平。

3. **物業受損**：就算住客沒有造成任何問題（這真的很難說），但每星期都有新房客入住，正常的磨損也是在所難免。投資短租房可能需要提撥較多的預備金，進行例行性的維修。

4. **法規**：有些城市非常歡迎短租房，有些卻嚴禁短租，因為很多人不喜歡出入份子複雜的「類旅館」混進住宅區，會影響原本單純的生活環境。

   有些城市會規定，一年頂多只有三十天至六十天，可以把你的房子刊登在短租網。若是你剛好想去歐洲度假兩週，希望不在家的這段期間，房子能替你賺點錢補貼旅費，這算是一舉兩得的規定。

　　但要是一年只有一、兩個月能出租房子，恐怕很難賺到錢。對於依賴短租收入的投資人來說，千萬不可小覷法律規定所產生的風險。雖然某些城市目前允許短期出租業務，卻不保證未來仍會如此。考量法規有可能變更，如果你有意靠短租賺錢，最好順便試算一下，轉成長期出租是否還有賺頭。

　　總之在你投資之前，一定要先了解中意的投資標的是否「長短皆宜」。要是當地法規改變了，至少還可以轉成長租。

5. **家具**：長租房客通常會自備家具，但短租業者必須提供基本設備，像是電視、廚具，甚至是毛巾浴巾，也就是你去別人家住宿時，會使用到的生活用品。你的短租業務通常要跟附近數十個對手競爭，如果你既沒電視、沒網路，又沒第四台，恐怕很難獲得青睞，所以家具費顯然省不了。

　　再者，要是你準備的用品不符合房客期待，他們搞不好會在網路上留下負評。短租網站通常都會有留言區，讓房客分享他們的住宿體驗，要是你的房子被留下一堆負評，可能會影響未來的下訂意願。

6. **電費與瓦斯費**：短租房的住宿者通常只會住一晚、三晚或十晚，因為他們不必付電費，所以就會一直開著

冷氣，也不隨手關燈，使你的電費爆表。反之，長期租屋者需要自付電費與瓦斯費，忘了關燈還是狂吹冷氣都不關你的事，因為他們必須自己善後。

7. **抽成**：租房網通常會從你每晚的住宿費中，抽取一定百分比的費用。

8. **代管費**：經營短租房要處理不少雜事，你可能每週或每天都要接待新住客。必須把房子的鑰匙或房卡交給他們，或是安裝電子鎖。

此外，還要打掃房間，接聽房客來電要求的任何服務。你當然可以請專人代勞，不過短租代管人的收費可比長租貴多了，為什麼會這樣？因為短租要處理的雜事比長租多。這筆代管費又會讓你的房租收入被瓜分掉一些。

究竟是投資短租房，還是長租房比較賺？這問題很難回答，雙方各有擁護者與反對者。請記住，我所提供的短租房資訊，都是以短租為目的而買房，然後刊登在短租網上出租。如果你是想把自住房騰出一間房間出租，那是另外一回事，這種分租自家房間的做法，雖然不算是房地產投資，但不失為每個月多一筆收入的好方法。

房市波動相對比較低

買房出租讓你每個月可以收到一筆租金，在扣除你的投資成本（房貸、維修費、房屋稅、房屋代管費）後，剩下的錢就是你每個月的現金流。這個流程會一直循環，直到這兩種情況出現：房客搬走但沒找到新房客，或是現有的房客不付租金，才會停下來。如果是後者，你可能需要採取法律行動（例如強制遷離）請他們搬家。

要是一次就能收到一年份的租金，你就可以高枕無憂，到租約期滿前都不必擔心找新房客的事。

投資股市的報酬或許比較豐厚，但是波動性太高，價格變動極大，有時股價突然衝上漲停板，隔天卻又莫名其妙回跌。股市的長期平均投資報酬率雖然不錯，但如果你是每天都會查看投資表現的人，很可能會被股價的劇烈上沖下洗嚇到。心臟不夠強的人可能不太適合玩股票，不妨把一部分的資產分散到房市。

話說回來，儘管房地產波動性沒股票大，但萬一你必須賣房求現，有時要花上好幾個月，甚至幾年；反之，賣股票只需要幾秒鐘就能輕鬆搞定。

投資房地產並非穩賺不賠

在你的投資組合裡，房地產可能只是其中一員，是你用來打造財富的另一個利器。投資這些資產是為了幫你達成財務自由，讓你能在失業率飆高（因為 AI 崛起）的世界裡，得以生存下去。

不過投資有賺有賠，你不必把所有錢全都押在房地產，也不必全部拿去炒股。該如何配置各種資產，全由你作主。

投資房地產累積財富

　　本章內容涵蓋了投資房地產的主要方法。希望能幫助你了解，如何透過買房產生每個月的租金收入，讓你盡快獲得財務自由。以下就是本章重點摘要：

- 如果你是租屋而居，沒什麼好難為情的，因為在許多房價極高的城市，買房還不如租房，把省下來的錢拿去投資股票。
- 除了正職收入與股利之外，買房收租也是增加現金收入的好方法。但是這並非穩賺不賠，若租金收入不敷購屋成本，反而會倒貼。
- 投資房地產也是有風險的：要是房客欠租怎麼辦？房價的增值幅度不如預期，又該怎麼辦？
- 別急著出手買房：價錢對了才有賺頭！

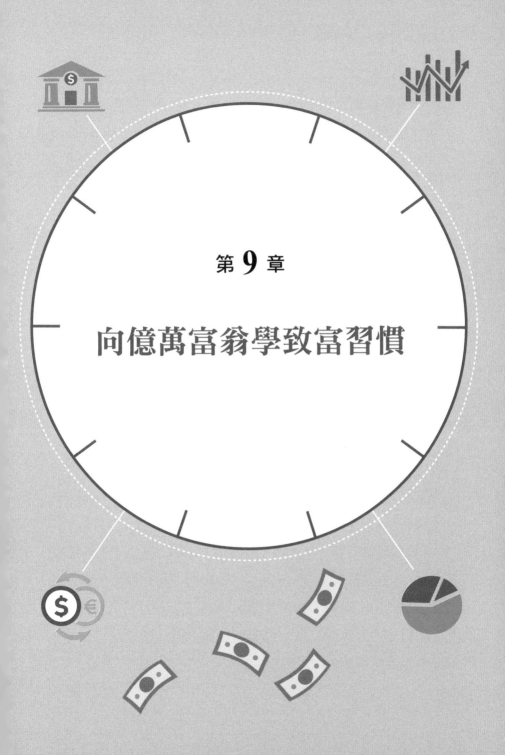

第 9 章

向億萬富翁學致富習慣

億萬富豪買得起私人飛機、超大豪宅，他們想要的東西幾乎都能到手。瑞銀集團（United Bank of Switzerland, UBS）在 2019 年發布的一份報告指出，[1] 全球億萬富豪有 2,101 位。

目前地球上的人口將近 80 億，但億萬富豪卻只有兩千多人。貧富不均與超級富豪賺錢多、繳稅少的情況，成為 2020 年美國總統大選時的熱門議題，其中有幾位參選者提出要對某些最有錢的美國人加稅。不過本書並不打算討論，也無意探討億萬富豪背後的政治議題。

億萬富豪也強調存錢的重要

億萬富豪跟我們這些普通人的財務自由有什麼關係呢？的確沒有關聯。但我想你可能會很意外，某些億萬富豪也提倡勤儉度日！

億萬富豪馬克‧庫班（Mark Cuban）在 2017 年接受 Money 財經網站的專訪時表示，花錢絕不可以隨心所欲。他分享了剛出社會時的節儉生活：[2]「當時我跟五個室友合租，吃起士通心麵打發三餐，開著一輛破到不行的老爺車代步，真的省到不能再省。」

如今的馬克‧庫班不僅是事業有成的企業家，還是 NBA 職籃達拉斯獨行俠（Dallas Mavericks）的老闆。根據 2020 年 1 月出版的《富比士》雜誌報導，[3]他的身價約 41 億美元。

庫班提及他省錢存錢的意志有多強大[4]：「我是下定決心要拚命存錢，打定主意要能退休，而不是隨口說說，我以後要變得超級有錢。」的確，他日後真的變成富豪。

另一位受訪的億萬富豪是莎拉‧布蕾克莉（Sara Blakely），她是 Spanx 塑身衣的創辦人，布蕾克莉也分享了她的省錢存錢之道[5]：「我的原則是賺多花少。當我的收入變多時，照理我可以不用那麼省，但我還是跟以前一樣。如果我一直維持不變，將來肯定不會窮。」《富比士》雜誌估算，她的淨資產約有 11 億美元。[6]

這兩位白手起家的億萬富豪，願意現身說法講述省錢存錢的重要性，真的令人敬佩。他們的故事告訴我們，靠著省錢存錢真的能夠達到財務自由，但這需要強大的意志力與決心，採取必要步驟節省你的花費、聰明投資，並打造一籃子的資產。對了，還要有耐心，因為生財金山絕不可能一夕間打造完成。

學習成功人士的致富觀

三餐光靠吃起士通心粉或賺多花少,就能變成億萬富豪嗎?恐怕不行。前述這兩位億萬富豪都有創業,他們的鉅額財富是這樣來的。

不過好消息是,你不必成為億萬富豪,也能獲得財務自由或財務成功。所以千萬別氣餒,應該見賢思齊,學習這些有錢成功人士的致富方法。

就連股神巴菲特也明白這項道理,他在 2012 年為《富比士》雜誌撰寫的一篇文章中提到,[7] 他 25 歲存下 12.7 萬美元,那時是 1955 年的年底。據《富比士》雜誌估計,截至 2020 年 1 月,巴菲特的淨資產已高達 894 億美元,[8] 兩個金額簡直天差地別!

巴菲特在文章中指出,其實他 25 歲就考慮退休[9]:「我想退休了!以我存下的 12.7 萬美元做基礎,每年只要 1.2 萬美元就夠用,我能很輕鬆就達成目標。但我對我老婆說,複利會保證我將來一定更有錢。」不愧是股神,那麼年輕就能領悟複利的道理,難怪日後能成為全球最有錢的大富豪。

向億萬富翁學致富習慣

　　本章的目的是想告訴你，即便是超級有錢的億萬富豪，也都鼓吹省錢存錢的重要性。不過我要再次重申，單憑省錢存錢並不能變成億萬富豪，至少要經過一段時間才能成為百萬富豪，這樣也不錯，對吧？以下就是本章重點摘要：

* 有錢人也不亂花錢。
* 莫因錢小而不存，持續省錢存錢，最終就會有錢！

結語
認真存錢、用心投資，
財務自由近在咫尺

　　本書到此結束，感謝你的耐心閱讀。我的核心概念就是，**存錢與投資是獲得財務自由的兩大要素**。即便你覺得自己錢不夠多，但只要認真存錢與用心投資，長期下來必有收穫豐厚的回報。

　　至於 AI，短期之內似乎還不需擔心，重點是你要持續採取行動，確保你的財務健全。即便發生意外，像是 AI 害你失業、被公司（例行性）裁員或你生病不能工作，也不至於走投無路。

　　最重要的是，即便已達財務自由，也不表示你不再工作。**繼續工作能讓你的財務獲得更大的緩衝**，或者也可試著**轉換跑道**，從事自己熱愛的事情，甚至是開創一份你夢寐以求的新事業。

參考文獻

第 1 章

1. Richard Branson, "The Way We All Work Is Going to Change," *Virgin*, December 12, 2018, https://www.virgin.com/richard-branson/wayweall-work-going-change.

2. "Machines Will Do More Tasks Than Humans by 2025, But Robot Revolution Will Still Create 58 Million Net New Jobs in Next Five Years," World Economic Forum, September 17, 2018, http://reports.weforum.org/futureofjobs-2018/press-releases/.

3. 同上

4. "IBM Study: The Skills Gap Is Not a Myth, But Can Be Addressed with Real Solutions," IBM Newsroom, September 6, 2019, https://newsroom.ibm.com/20190906IBM-Study-The-Skills-GapisNotaMyth-But-CanBeAddressed-with-Real-Solutions.

5. "Amazon Pledges to Upskill 100,000 U.S. Employees for InDemand Jobs by 2025," Amazon Press Center, July 11, 2019, https://press.aboutamazon.com/news-releases/news-release-details/amazon-pledges-upskill-100000usemployees-demand-jobs-2025.

6. "Preparing Everyone, Everywhere, for the Digital World," PricewaterhouseCoopers, accessed October 5, 2019, https://www.pwc.com/gx/en/issues/upskilling/everyone-digital-world.html.

7. "JPMorgan Chase Makes $350 Million Global Investment in the Future of Work," JPMorgan Chase & Co, March 18, 2019, https://

www.jpmorganchase.com/corporate/news/pr/jpmorgan-chase-global-investmentinthe-futureofwork.htm.

8. "Department of Technology," Yang 2020, accessed November 30, 2020, https://www.yang2020.com/policies/regulatingaiemerging-technologies/.

9. 同上

10. Laura Noonan. "Deutsche Boss Cryan Warns of 'Big Number' of Job Losses from Tech Change," *Financial Times*, September 6, 2017, https://www.ft.com/content/62ee1265-dce7-352f-b103-6eeb747d4998.

第 2 章

1. "Uber Technologies, Inc. (UBER)," Yahoo Finance, accessed January 12, 2020, https://finance.yahoo.com/quote/UBER?p= UBER&.tsrc=fin-srch.

2. "Lyft, Inc. (LYFT)," Yahoo Finance, accessed January 12, 2020, https://finance.yahoo.com/quote/LYFT?p=LYFT&.tsrc=fin-srch.

3. "Advanced Technologies Group," Uber, accessed January 12, 2020, https://www.uber.com/us/en/atg/.

4. Arun Sundararajan (professor at New York University's Stern School of Business and author of *The Sharing Economy: The End of Employment and the Rise of Crowd-Based Capitalism*), interview by author, January 6, 2020.

5. 同上

第 3 章

1. "Employment Situation Summary," Bureau of Labor Statistics,

October 4, 2019, https://www.bls.gov/news.release /empsit.nr0. htm.

2. "Personal Income and Outlays, August 2019," Bureau of Economic Analysis, September, 27, 2019, https://www.bea.gov/ news/2019/personal-income-and-outlays-august-2019.

3. "Personal Income and Outlays, August 2009," US Bureau of Economic Analysis, October 1, 2009, https://www.bea.gov/ news/2009/personal-income-and-outlays-august-2009.

4. "FIRE Movement Enthusiasts Say FI (Finanical Independence) Outranks RE (Retire Early)," Business Wire, December 13, 2018, https://www.businesswire.com/news/home/20181213005026/en/.

5. Cooper J. Howard and Rob Williams. "Beyond the 4% Rule: Home Much Can You Spend in Retirement?" Charles Schwab, March 12, 2019, https://www.schwab.com/resource-center/ insights/content/beyond4rule-how-much-can-you-safely-spend-retirement.

6. 同上

7. "Consumer Price Index Summary," Bureau of Labor Statistics, October 10, 2019, https://www.bls.gov/news.release/cpi.nr0.htm.

8. "National Health Expenditures 2018 Highlights," Historical, Centers for Medicare & Medicaid Services, December 17, 2019, https://www.cms.gov/Research-Statistics-Data-and-Systems/ Statistics-Trends-and-Reports/NationalHealthExpendData/Nation alHealthAccountsHistorical.html.

第 4 章

1. "Affordable Housing," Community Planning and Development, US Department of Housing and Urban Development, accessed

October 15, 2019, hud.gov/program_offices/comm_planning/affordablehousing/.

2. "What Is a Good Credit Score?" Experian, October 16, 2019, https://www.experian.com/blogs/ask-experian/credit-education/score-basics/whatisagood-credit-score/.

第 5 章

1. "The Consumer Credit Card Market," Bureau of Consumer Financial Protection, August 2019, https://files.consumerfinance.gov/f/documents/cfpb_consumer-credit-card-market-report_2019.pdf

2. "Credit Card Lending," Office of the Comptroller of the Currency, November 2015, https://www.occ.treas.gov/publications-and-resources/publications/comptrollers-handbook/files/credit-card-lending/index-credit-card-lending.html; 34.

3. "Credit Card Minimum Payment Calculator: How Long Will It Take to Pay Off Credit Cards?," Bankrate, October 20, 2019, https://www.bankrate.com/calculators/credit-cards/credit-card-minimum-payment.aspx.

4. "Quarterly Report on Household Debt and Credit," Federal Reserve Bank of New York, Research and Statistics Group, August 2019, https://www.newyorkfed.org/medialibrary/interactives/householdcredit/data/pdf/hhdc_2019q2.pdf.

5. "Report on the Economic Well-Being of U.S. Households in 2018," Student Loans and Other Education Debt, Board of Governors of the Federal Reserve System, last modified May 28, 2019, (accessed October 21, 2019), https://www.federalreserve.gov/publications/2019-economic-well-beingofushouseholdsin2018-

student-loans-and-other-education-debt.htm.

6. "PLUS Loans for Parents," Federal Student Aid, accessed October 21, 2019, https://studentaid.ed.gov/sa/types/loans/plus/parent#how-much.

7. "Standard Plan," Federal Student Aid, October 21, 2019, https://studentaid.ed.gov/sa/repay-loans/understand/plans/standard#eligible-loans.

8. "Extended Plan," Federal Student Aid, accessed October 21, 2019, https://studentaid.ed.gov/sa/repay-loans/understand/plans≈xtended.

9. "PLUS Loans for Parents," Federal Student Aid, accessed October 21, 2019, https://studentaid.ed.gov/sa/types/loans/plus/parent#eligibility.

10. Katie Lobosco. "New Employee Perk: $100 a Month for Your Student Loans," CNN Money, October 19, 2017, https://money.cnn.com/2017/10/19/pf/college/student-loan-benefit-pwc/index.html.

11. "Quarterly Report on Household Debt and Credit," Federal Reserve Bank of New York, Research and Statistics Group, August 2019, https://www.newyorkfed.org/medialibrary/interactives/householdcredit/data/pdf/hhdc_2019q2.pdf .

12. "Mortgage Rates Jump," Mortgage Rates, Freddie Mac, October 17, 2019, http://www.freddiemac.com/pmms/.

第 6 章

1. Investopedia, "Affluent Millennials Don't Think They'll Retire by 65," PR Newswire, October 2, 2019, https://www.prnewswire.com/news-releases/affluent-millennials-dont-think-theyll-

retireby65300929551.html.

2. "The Home Depot, Inc." (HD), Yahoo Finance, accessed January 18, 2020, https://finance.yahoo.com/quote/HD?p=HD&.tsrc=fin-srch.

3. 同上

4. "2018 Annual Report," Berkshire Hathaway, Inc., February 23, 2019, https://www.berkshirehathaway.com/2018ar/2018ar.pdf.

5. "Investors Info: Dividends," Coca Cola, October 23, 2019, https://www.coca-colacompany.com/investors/investors-info-dividends.

6. "SPDR® S&P 500® ETF Trust," State Street Global Advisors, November 24, 2019, https://us.spdrs.com/en/etf/spdrsp500-etf-trust-SPY.

7. "2018 Annual Report," Berkshire Hathaway Inc.

8. 同上

9. "S&P 500," S&P Dow Jones Indices, accessed October 29, 2019, https://us.spindices.com/indices/equity/sp500.

10. Alexandra Twin. "For Dow, Another 12Year Low," CNN Money, March 9, 2009, https://money.cnn.com/2009/03/09/markets/markets_newyork/.

11. "S&P 500 (^GSPC)," Yahoo Finance, accessed January 18, 2020, https://finance.yahoo.com/quote/%5EGSPC?p=^GSPC&.tsrc=fin-srch.

12. "Dow Jones Industrial Average," S&P Dow Jones Indices, accessed October 29, 2019, https://us.spindices.com/indices/equity/dow-jones-industrial-average.

13. "2016 Annual Report," Berkshire Hathaway Inc., February 25, 2017, http://www.berkshirehathaway.com/letters/2016ltr.pdf.

14. "#3 Warren Buffett," *Forbes*, October 30, 2019, https://www.

forbes.com/profile/warren-buffett/#74c536b46398.

15. "2016 Annual Report," Berkshire Hathaway Inc.

16. "Employment Situation Summary," Economic News Release, U.S. Bureau of Labor Statistics, January 10, 2020.

17. "Gross Domestic Product," Bureau of Economic Analysis, last modified January 18, 2020, https://www.bea.gov/resources/learning-center/whattoknow-gdp.

18. "Recession," Bureau of Economic Analysis, last modified January 18, 2020, https://www.bea.gov/help/glossary/recession.

19. "Advance Monthly Sales for Retail and Food Services, December 2019," Census.gov, January 16, 2020, https://www.census.gov/retail/marts/www/marts_current.pdf.

20. "About the Fed," Board of Governors of the Federal Reserve System, accessed January 18, 2020, https://www.federalreserve.gov/aboutthefed.htm.

21. "Federal Funds Data," Federal Reserve Bank of New York, accessed March 14, 2020, https://apps.newyorkfed.org/markets/autorates/fed%20funds

22. Patrick Gillespie. "Finally! Fed Raises Interest Rates," CNN Business, December 16, 2015, https://money.cnn.com/2015/12/16/news/economy/federal-reserve-interest-rate-hike/.

第 7 章

1. "401(k) Plan Overview," Internal Revenue Service last modified December 4, 2019 (last updated).

2. "How AI and Robotics May Change Tax Job Duties," Ernst & Yang Global, July 2, 2019, https://www.ey.com/en_gl/tax/howaiand-robotics-may-change-tax-job-duties.

3. c401(k) Contribution Limit Increases to $19,500 for 2020; CatchUp Limit Rises to $6,500," Internal Revenue Service, November, 6, 2019, https://www.irs.gov/newsroom/401k-contribution-limit-increasesto19500-for-2020-catchuplimit-risesto6500.

4. "Bill Gates Thinks We Should Tax the Robot That Takes Your Job," Quartz, February 16, 2017, https://www.youtube.com/watch?v=nccryZOcrUg.

5. "De Blasio Campaign Launches "Robot Tax" as Part of Aggressive Plan to Protect Workers from Threat of Automation," de Blasio 2020, September 5, 2019, https://billdeblasio .com/press/inthe-news-automation-plan/.

6. "2014 Annual Report," Berkshire Hathaway, Inc., February 27, 2015, https://www.berkshirehathaway.com/letters/2014ltr.pdf.

7. "Roth IRAs," Internal Revenue Service, last modified January 10, 2020, https://www.irs.gov/retirement-plans/roth-iras.

第 8 章

1. Robert J. Shiller (Sterling Professor of Economics at Yale University, a 2013 Nobel laureate in economics, and author of *Narrative Economics: How Stories Go Viral and Drive Major Economic Events*), interview with the author, November 6, 2019.

2. 同上

3. Molly Boesel. "U.S. Prices Level Off, Some States Show Large Cooldown," CoreLogic Insights (blog), December 3, 2019, https://www.corelogic.com/blog/2019/11/usprices-level-off-some-states-show-large-cooldown.aspx.

4. "Dow Jones Industrial Average (^DJI)," Yahoo Finance, accessed

January 25, 2020.

5. 同上

第 9 章

1. "The Billionaire Effect," UBS Group AG, last modified November 2019, https://www.ubs.com/global/en/wealth-management/ uhnw/billionaires-report/_jcr_content/mainpar/toplevelgrid/col2/ actionbutton.0564736741.file/bGluay9wYXRoPS9jb250ZW50 L2RhbS9hc3NldHMvd20vZ2xvYmFsL2RvYy91YnMtYmlsbG lvbmFpcmVzLWluc2lnaHRzLTIwMTkucGRm/ubs-billionaires-insights-2019.pdf.

2. "Shark Tank Stars Mark Cuban and Sara Blakely Tell Us How They Got to Their First $1 Million-And How You Can, Too," *Money*, August 14, 2017, https://money.com/mark-cuban-sara-blakely-interview-howtoget-rich/.

3. "#179: Mark Cuban," *Forbes*, January 26, 2020, https://www.forbes.com/profile/mark-cuban/#75c3c6236a04.

4. "Shark Tank Stars Mark Cuban and Sara Blakely," *Money*

5. 同上

6. "#23: Sara Blakely," *Forbes*, January 26, 2020, https://www.forbes.com/profile/sara-blakely/#19ccfcf176bb.

7. Randall Lane. "Warren Buffett's $50 Billion Decision," *Forbes*, March 26, 2012, https://www.forbes.com/sites/randalllane/2012/03/26/warren-buffetts50billion-decision/#516c85cb40cb.

8. "#3: Warren Buffett," *Forbes*, January 26, 2020, https://www.forbes.com/profile/warren-buffett/#6e1edae46398.

9. Lane. "Warren Buffett's $50 Billion Decision."

翻轉學 翻轉學系列 070

不怕失業，財務自由十年計畫
打造加速脫貧的無限投資系統，才能應付難以預測的未來
Overcome AI: How to Build a Secure Financial Future in the Age of Artificial Intelligence

作　　　者	史考特‧甘姆（Scott Gamm）
譯　　　者	丁丁
總 編 輯	何玉美
主　　　編	林俊安
責任編輯	黃纓婷
封面設計	張天薪
內文排版	黃雅芬

出版發行	采實文化事業股份有限公司
行銷企畫	陳佩宜‧黃于庭‧蔡雨庭‧陳豫萱‧黃安汝
業務發行	張世明‧林踏欣‧林坤蓉‧王貞玉‧張惠屏
國際版權	王俐雯‧林冠妤
印務採購	曾玉霞
會計行政	王雅蕙‧李韶婉‧簡佩鈺
法律顧問	第一國際法律事務所　余淑杏律師
電子信箱	acme@acmebook.com.tw
采實官網	www.acmebook.com.tw
采實臉書	www.facebook.com/acmebook01

I S B N	978-986-507-513-2
定　　　價	330 元
初版一刷	2021 年 10 月
劃撥帳號	50148859
劃撥戶名	采實文化事業股份有限公司
	104 台北市中山區南京東路二段 95 號 9 樓
	電話：(02)2511-9798　傳真：(02)2571-3298

國家圖書館出版品預行編目資料

不怕失業，財務自由十年計畫：打造加速脫貧的無限投資系統，才能應付難以預測的
未來/ 史考特‧甘姆（Scott Gamm）著；丁丁譯. – 台北市：采實文化，2021.10
208 面 ; 14.8×21 公分 . --（翻轉學系列；70）
譯自 : Overcome AI: How to Build a Secure Financial Future in the Age of
　　　Artificial Intelligence
ISBN 978-986-507-513-2（平裝）
1. 個人理財 2. 投資
563　　　　　　　　　　　　　　　　　　　　　　　　　110013433

Overcome AI: How to Build a Secure Financial Future in the Age of Artificial Intelligence
Copyright ©2020 by Scott Gamm
Traditional Chinese edition copyright ©2021 by ACME Publishing Co., Ltd.
This edition published by arrangement with NB LIMITED,
through Peony Literary Agency.
All rights reserved.

版權所有，未經同意不得
重製、轉載、翻印